名师教你写日记

关 平 主编
诸向阳 著

河北出版传媒集团　河北少年儿童出版社

图书在版编目（CIP）数据

名师教你写日记 / 关平主编；诸向阳著. — 石家庄：河北少年儿童出版社，2023.11
（快乐作文）
ISBN 978-7-5595-6080-3

Ⅰ. ①名… Ⅱ. ①关… ②诸… Ⅲ. ①日记－写作－小学－教学参考资料 Ⅳ. ①G624.243

中国国家版本馆CIP数据核字（2023）第202095号

快乐作文
名师教你写日记
MINGSHI JIAO NI XIE RIJI

关　平　主编　诸向阳　著

选题策划	韩冰雪　段建军	责任编辑	李　平　李卫国
	孙卓然　赵玲玲	特约编辑	白雅娟　杜颖达　王瑞芳
美术编辑	穆　杰	装帧设计	赵　晨

出　版　河北出版传媒集团　河北少年儿童出版社
　　　　（石家庄市桥西区普惠路6号　邮政编码：050020）
发　行　全国新华书店
印　刷　鸿博睿特（天津）印刷科技有限公司
开　本　720 mm×960 mm　1/16
印　张　10.25
版　次　2023年11月第1版
印　次　2023年11月第1次印刷
书　号　ISBN 978-7-5595-6080-3
定　价　30.00元

版权所有，侵权必究。

若发现缺页、错页、倒装等印刷质量问题，可直接向本社调换。
电话（传真）：010-87653015

孩子般的诸向阳

陈金铭

和诸向阳认识十多年了，我想找个词来形容他，脑海里浮现的是——他像个孩子。诸向阳外表其实一点儿也不像孩子，甚至有一点儿岁月的沧桑。像孩子的，是他的心。

诸向阳说话坦诚，像孩子一样。

2004年，在济南的一次教师培训活动中，我和诸向阳住一个房间。我们虽然是第一次见面，但在网上已经比较熟悉，所以没有什么拘束感。我们就天南海北地聊家庭、孩子、教育、教学……没有聚焦话题，逮啥聊啥。

诸向阳那时刚调到江苏省宝应县，还处在适应期。虽然我们第一次见面，但是他毫不保留、敞开心扉地跟我聊他的从教经历，让人感觉很亲近。

2007年，机缘巧合，我和他在宝应县有过一年的同事情分。那一年，我和他接触多起来。

他喜欢说话之前大声咳嗽，声音响亮且高昂。我以为他是嗓子不好，后来发现，这就是他的一个习惯。这声咳嗽，是他传递出的信号——我要说话了。每当这时，正说话的人也不得不停下，因为他的声音太大了。

他走路很有风度，给人感觉是摇着走。步子和步子之间距离很均匀。上身，基本不动；双手，基本不摆。看他走路，让人油然而生一种敬畏。

他不说话，是一位严肃的领导；他一说话，就变成了孩子。

有一次，一个小朋友一路疾跑，拐弯时差点儿撞到墙上。诸向阳一把将小朋友拽住，清清嗓子，严肃地说："墙犯了什么错呀，你要这么对待它！"小朋友一脸蒙，估计心里在嘀咕："老师，您到底和谁一伙的？"

还有一次，他讲完了一节满意的公开课。正常情况下，讲课的老师都会说请听课的人多多批评指正。诸向阳不这样，讲完课后他满脸骄傲，兴奋地对现场听课的老师们说："怎么样，这节课上得好不好哇？""怎么样"这几个字，语调上扬。听课的老师们都拼命鼓掌，诸向阳在掌声中露出孩子般的微笑。

诸向阳是非分明，也像个孩子。

还是上次那节他满意的公开课。上午上完课后，诸向阳一直得意扬扬的，连走路都哼着小曲。中午吃饭时破例多吃了一碗。下午的议课，由名师干国祥老师主持。

首先播放了上午课的录像。在播放过程中，每个环节干国祥老师都要求暂停，暂停后就问诸向阳：这个环节要达成什么目标，用了多长时间，达成度如何等等。诸向阳一开始还兴致勃勃地解答，到后面，就有点儿招架不住了。

等干国祥老师把公开课拆解完，基本上也否定了这堂课。我以为诸向阳会说些理由来辩解，但他并没有。他站起来，对现场参与活动的几十位老师们说："干国祥说得对！上午，我还自觉得意，现在，彻底被说服了。"

诸向阳说完，全场又一阵鼓掌。这次的鼓掌，是鼓给诸向阳的胸襟。在他眼里，最重要的是在批评中领悟了教学的真谛。

有了成绩，诸向阳一定会广而告之，更像个孩子。

十几年前，诸向阳在杂志上发表了一篇文章，他逮住我，美滋滋地说："金铭啊，你知道吗？这篇文章反响很大哟。"一篇文章，至于吗？诸向阳说："至于，至于，那可是发表在《小学语文教师》杂志上！"

后来，我调到了《小学语文教师》杂志工作，他反而一次也没找过我主动投稿，我还得向他约稿。

诸向阳教学水平很高，实力也很强。有一年，他评上了特级教师，高兴得满世界给朋友报喜："金铭啊，分享一个好消息，我评上特级教师了！"

要是不了解他，你还以为他举止欠稳重呢。其实，他就是单纯地喜欢和朋友分享他的快乐。

诸向阳的世界像个孩子一样简单。

好就是好，坏就是坏；黑就是黑，白就是白。

有一个这样的朋友，很不错！

诸向阳督促孩子坚持写日记，用写日记锻炼孩子的思维能力、写作能力。他将自己在日记教学上的经验写成《名师教你写日记》这本书，强烈推荐给每一个孩子、每一位家长。

陈金铭

知名教育专家、原《小学语文教师》杂志副主编

目 录

写日记的好处

第1讲　名人写日记的故事…………2
第2讲　写日记与写作文的关系……13
第3讲　写日记带来的奖赏…………23

写日记的原则

第4讲　写日记要从兴趣入手………38
第5讲　写日记要写有意思的………49
第6讲　写日记要有情趣……………59

写日记的策略

第 7 讲　怎样写好身边的小动物 ……… 70

第 8 讲　怎样写好我们的植物朋友 …… 80

第 9 讲　怎样写好你的第一次 ………… 89

第 10 讲　读书日记：读万卷书 ………… 99

第 11 讲　旅游日记：行万里路 ………… 108

第 12 讲　诗歌日记：天生是诗人 ……… 119

坚持写日记的秘诀

第 13 讲　日记要公开分享 ……………… 132

第 14 讲　日记要争取发表 ……………… 141

第 15 讲　日记可以结集出书 …………… 150

后　　记　日记陪伴孩子成长 …………… 155

写日记的好处

第1讲 名人写日记的故事

　　同学们，我先做个自我介绍，我姓诸，诸葛亮的诸，名向阳，向着太阳。我在学校读书的时候，同学们都喊我"动物世界"。为什么呢？因为我的名字谐音里有三种动物：猪八戒的猪，大象的象，山羊的羊。有意思吧，记住我了吗？你可以喊我诸老师，也可以喊我动物世界老师。

　　在这本书中我要讲写日记。说到写日记，我会想到许多名人。首先想到的应该是雷锋，雷锋每天都写日记。我记得小时候读过一本书，书名就叫《雷锋日

写日记的好处

记》。直到今天，我还能背诵《雷锋日记》中的经典段落：

> 对待同志要像春天般的温暖，对待工作要像夏天般的火热，对待个人主义要像秋风扫落叶一样，对待敌人要像严冬一样残酷无情。
>
> 人的生命是有限的，可是，为人民服务是无限的，我要把有限的生命，投入到无限的为人民服务之中去。

雷锋出生在旧社会，7岁时成了孤儿。新中国成立后，他进入小学读书，加入少先队，长大后他参军入伍，当上了解放军。雷锋的一生是短暂的，1962年8月15日他因公牺牲，只活了22岁，但他留下了9本日记本。《雷锋日记》收录了他的221篇日记，这些日记是雷锋精神的生动写照，闪烁着耀眼的光芒，成为我们一代又一代人的精神财富。

最近我还看了一本书，书名是《曾国藩传》。曾国藩是一个了不起的人物，他是我国晚清时期政治家、战略家、理学家、文学家和书法家，也是晚清中兴四大名臣之一。

曾国藩一生达到的高度很高,但是他的起点却很低。他的智商平平,考了七次才考中秀才,身体体质也很差,一生患有多种严重疾病。曾国藩的出身也很平常,祖辈上都是平头百姓,以务农为生。曾国藩年轻的时候,性格中还有很多缺点,比如自我管理能力比较差。但就是这样一个平平常常的人,最后却超凡脱俗,达到了立功、立德、立言三不朽的境界。他是如何做到的呢?是什么让曾国藩发生了脱胎换骨的变化?

读完《曾国藩传》这本书,我终于知道让曾国藩发生脱胎换骨变化的方法就是"写日记"。

曾国藩知道自己的自我管理能力差,就向他的老师请教如何进行自我管理。老师告诉他要每天都写日记。曾国藩一开始并不明白。因为他以前写过日记,并没发现写日记有什么作用。

原来,曾国藩早期写日记并不得法,存在很多问题:第一是不能一直坚持;第二是把日记记成流水账,经常一整天的事就记成一句;第三是在日记中对自己提出的要求并没有做到。

老师告诉他,写日记最重要的目的是反省自

写日记的好处

己。首先，要把写日记当成生活中的一件大事，日记要工工整整地写；其次，日记要记录生活中的细节，通过每一个细节来改变自己。

于是，曾国藩开始详细地写日记，把一天做了什么事、说了什么话都细细地过一遍，然后反省哪件事做得不对，哪句话说得不对，记录下来，深刻反思。

比如，曾国藩在日记中把自己跟同事吵架这件事记述了一遍，然后进行分析：这件事虽然两个人都有错，但是自己要先改正，而且要立刻就改。所以他放下笔，就去向同事道歉。本来两人都有错，但是曾国藩主动前来道歉，同事很感动，于是两个人成了好朋友。

曾国藩每隔一段时间，会拿着自己的日记让朋友们都看一遍，并且请每个人点评。

为什么要把自己的日记给朋友看呢？每个人的意志力是有限的，自己监督自己是有盲点的，不容易发现自己的问题和坚持做出改变，但是人都有自尊心，通过朋友、老师监督自己往往能起到很好的效果。

后来他在外带兵打仗，就把自己的日记定期抄写一遍，送回老家，给兄弟子侄

们看。一是为他们做一个榜样，再就是让他们监督自己。就这样，通过写日记这种方式，曾国藩改掉身上一个又一个缺点，修养、气质、习惯一天天地发生着变化，逐步走向完美。

曾国藩写日记坚持了30多年，我翻看曾国藩的日记，可以很清楚地看到，他这一生，是不断自我反省的一生，他一天也没停止过自我提升的脚步。从青年到老年，曾国藩每天都在日记中不断反省自己的缺点，纠正自己的行为。62岁时，曾国藩已经功成名就，他仍然在日记中自责自省，和他30岁开始写日记的时候一模一样。

关于写日记，许多作家都留下了精彩的名言。

季羡林说："坚持写日记可以培养一个人的真诚感。"

冰心说："日记是写给自己看的，只要能把自己对这一天周围的一切事物的真情实感自由畅快地写下来，留下心泉流过的痕迹，就好。"

臧克家说："写日记，要有恒，几十年如一日。记下个人的成绩，也记下个人的得失。"

写日记的好处

　　同学们,拿起你们的笔吧,从现在开始,坚持每天写一篇日记,十年之后,你一定会看到一个全新的自己!

写着写着，就学会写日记了

吉思语

10月11日　星期三　晴

今天，我照例坐在书桌前，开始写日记。

不知不觉，我写日记已经有六个年头了。我是从几岁开始写日记的呢？六岁！

"什么，六岁？六岁连字还没写全呢，怎么会写日记？"你一定会这么想吧？告诉你，这是真的。小时候我很喜欢画画，爷爷就利用我这个爱好，每天陪我把印象最深的场景画下来。根据画的内容再训练我看图说话，注意是"说话"。然后，再把说的话写在一张纸上，这不就是一篇日记吗？爷爷告诉我："写作就是要从小开始培养，要和练武术一样，要练'童子功'！"

虽然当时写的内容很少，少则十几个字，最多也就三四行。但是，这样的训练却激起了我对写作的浓厚兴趣。不但提高了我的画画水平，还能让我留心观察周围的事物；既能加强我的看图说话能力，也能拉近家长与孩子的距离，真是"一石四鸟"！

写日记的好处

当纸夹子已经夹不住一张一张"配插图的文字"时，爷爷给我带来了新的朋友——日记本。那个时候，我已经上一年级，会写一些常用汉字了。

现在看来，那时日记里写的基本上都是一些废话。我清楚地记得有一篇是这样写的："今天的体操比赛，我们班得了第一名，我非常高兴，妈妈很高兴，老师也很高兴，大家都非常高兴。"就这一段话，我足足用了十四个汉语拼音。

就这样废话连篇地写着写着，我就学会写日记了！

过了大概半年多时间，我写出一篇字数为1 500字的游记《芜湖方特两日游》。虽然这篇作文并不能称为佳作，但是对于一个一年级小学生来说，已经很了不起了。爷爷也不断鼓励我，要坚持写下去。

现在，写一篇作文，对我来说已是信手拈来。日记本我已经写满第六本了。目前，我已在报刊上发表100多篇作文了。

这就是我的"学写日记史"。期待今后我能够写出语言更优美、情感更真挚、内容更精彩的文章！

小作者以写日记的经历，生动有趣地向读者介绍了"写着写着，就学会写日记了"的真实经历。小作者笔耕不辍，成绩斐然，令人刮目相看。写作要有"童子功"，更需要坚忍不拔的毅力，愿小作者百尺竿头，更进一步。

写日记的好处

写作人生

韩维佳

10月26日　星期四　晴

今天的作文课上，当我洋洋洒洒写出 1 000 多字的作文时，我惊喜地发现，那被同学们视为洪水猛兽的作文，写起来竟是如此畅快与美妙！写作就如同一幅人生的图画，我们只有不断地吸收与创作，才能在画面上留下自己满意的图案。对于我来说，最重要的创作就是每天写日记。自己就如同一棵禾苗贪婪地吮吸那甜美的甘露，以滋润那干渴的心田。

夏日的深夜，在缀满星星的夜空下，翻开一本诗集，看那美妙的诗句在书中流淌。打开日记本的一页，抄录一首诗，给自己的心灵放个假。

在《文化苦旅》中，听余秋雨诉说着中国文化的沧桑，随着书中内容来到几千年前那神秘而又古老的中国。再次打开日记本，写下我作为中华儿女的责任感。

走进路遥的《平凡的世界》，体会在黄土高坡上那群平凡的人们以及他们那并不平凡的人生。还是不忘我的日

记本，写下我的感悟和体验。用我那稚嫩的双手，向心中那座璀璨辉煌的文学殿堂一步步迈进。

　　但是，写日记的路上也不是一帆风顺。有时，或为一个词语的运用而搜肠刮肚；或为一个句式的选择而费尽脑汁；但或许就是在一次次的"创作煎熬"之后，我那娇嫩的写作花朵才慢慢地张开她那羞涩的面庞，开始面对这个真实的人生。

　　其实，写作不也是一种人生吗？在生活的海洋里，心灵之舟以情感为帆，意志为楫，理智为舵，从容地接受浪花的洗礼。也许只有这样，我才能实现心中的那个憧憬。

　　坚持写日记给你的改变也许短时间看不到，但是它给你带来的意义却是不可估量的。就像这篇文章，写作的意义对作者来说已经不止于写好一篇作文，写作也是一种人生，让你在生活的海洋中理智从容，昂扬向前。

写日记与写作文的关系

上一讲我们了解了名人写日记的故事，很多同学问我，写日记又不能提高学习成绩，我们小学生只要写作文就好啦，干吗每天要浪费时间写日记呢？这个问题提得很好，这一讲，诸老师就和你们聊聊写日记和写作文之间的关系。

你们在什么时候特别想写日记呢？是不是考试没考好，挨了批评，想写日记吐槽一下；或者班里来了新老师，长得不仅漂亮，还很温柔，想写日记表达一下自己喜悦的心情；又或者最近看了一本有趣的课外书，忽然写作灵感

大发，想在日记里评论一番。但是你们又是在什么时候很想写作文呢？好多小朋友会说："诸老师，我什么时候都不想写作文！"

为什么相较而言大家想写日记，不想写作文呢？是不是认为作文有题目和要求的各种限定，不是你真正想写的呢？写日记就相对自由多啦，因为主要是写给自己看的，所以不用讲究那么多规范和要求。

诸老师悄悄告诉你们，其实写作文没有你们想象得那么高深，写日记也可以帮你们写好作文。下面，诸老师就和你们具体谈一谈。

首先，写日记有利于积累作文素材。

很多同学经常在写作文的时候，想不起来要写什么事情，不会选材。比如，上星期，诸老师布置了一篇作文，让大家写一件有趣的事情，其实这篇作文挺好写的，难就难在选材上。有一位同学写自己周末去爬山这件事，结果一群同学都跟他写同样的事，因为大家都想不起来到底还有什么有趣的事情。遇到这种情况同学们写作文的时候头都大了，不会选材，文章很难写出新意。

如果平时你养成写日记的习惯，生活中发生的有趣

写日记的好处

的、好玩儿的事情都记录下来了，这个日记本就成了你的选材宝库，是你灵感的来源，写作文就不用绞尽脑汁想着写什么了，写日记是不是很有用？

其次，写日记还能训练你遣词造句的能力。

什么意思呢？不知道同学们写作文的时候会不会遇到这个问题，就是一写作文就词穷，感觉自己的大脑一片空白，这个词语不会用，那个成语也想不起来。为什么其他同学写出来的句子好优美，好有趣，为什么我写出来的语句干巴巴？

诸老师要告诉你们，作文不可能天天写，但是语言组织能力、遣词造句的能力可是要天天练习才会进步。每天写日记，把你感受最深的事情记录下来，这是一件很考验你遣词造句能力的事情。比如，爸爸买了一只小乌龟，你想记录一下小乌龟的成长过程，这就需要你仔细观察，用词语准确描写出小乌龟的形态、颜色和动作等，其实这就变成了一篇简短的状物作文。周末妈妈带你去公园玩，公园里的花都开了，好漂亮啊，你有感而发，想写写你看到的这幅美景，闻到的花香，你的日记里就有了景物的描写。各种表示颜色、香味等的词语都跑进了你的日记里，写景

的小作文就初步成形了。小小的日记本,是你的语言宝库,你可以放开想象,用你的词语写你的生活。长期坚持写下去,你遣词造句能力就会大大提高,写作文的时候就不会提笔忘词了!

再次,写日记还能训练写作文的方法。

日记本可以变成你写作文的练兵场,你可以有目的地训练自己。我们平常在学校学习写作文,老师会教给你写人和记事的方法等,怎样写一个人的外貌、一个人的动作,怎样把一件事有条理地写出来,怎样运用修辞手法等等,这些方法不是每周写作文的时候用一次就够了。

你可以在日记中运用老师教的写作方法。比如,今天老师教了你比喻的修辞手法,我们写日记的时候就可以用上。今天班里来了一位新老师,你想在日记中写一下对这位老师的印象,在写他的外貌、动作、语言等方面可以用上比喻的修辞手法,比如诸老师戴着眼镜讲课时的样子像什么呢?你可以发挥自己的想象力写一写。写日记的时候,用上学校学到的写作方法,你的写作技巧就得到了提升。

写日记和写作文从来都是相互促进的,日记是你的

写日记的好处

练兵场，帮助你平时多观察生活，积累素材，训练一下遣词造句能力。写作文是"真枪实弹上战场"，需要规范化操作，但是也要出奇制胜，这都来源你平时的积累，平时好好练兵，上了战场才不会打败仗。

在写日记时，你是自由的，可以只写自己感兴趣的东西，不用为你不感兴趣的题目绞尽脑汁。你还可以只按照自己满意的方式写，不用考虑是否合乎老师的要求或作文固定的规范。事实上，许多优秀作家的创作就是从写日记开始的，如果他们想保持创作优秀作品的实力，就必须始终坚持写日记的习惯。

同学们，诸老师觉得，写日记其实就是记录你的童年生活和身边的趣事。坚持写日记，你会成为很有趣的人。学会观察生活，学会写日记，你会储存丰富的语言素养，不管是素材的积累，还是遣词造句能力都会得到提升。

诸老师相信，能够坚持写日记的同学写的作文也一定会越来越好！

我的苦恼

程念彭

9月15日　星期五　晴

我最苦恼的事情就是写作文了，不知从何处下手，冥思苦想，也找不到写作的好方法，脑中一片空白。只能翻看作文书，我才能找到内容可写，不然，就很难完成作文。

老师今天又布置了一篇作文，题目是《我的苦恼》，可我刚提起笔，又犯了难。作文书已经翻了一遍又一遍，脑中已经有了些要写的东西，但是语言组织不起来，笔始终没有动。我望着空空的格子纸和已经翻了好几遍的作文书发呆，手中握着笔，迟迟写不出一个字。

我心里想："别人的作文都快写完了，而我呢？仍然是一张白纸，总不能落在别人后面，最后一个交作业吧！为什么不快一点儿呢？超过别人吧！不要总落在最后面呀！"终于，我想好了，我开始动笔写。

每当我犯难不会写作文的时候，就仿佛有一种声音在耳边回荡。我试图加快写作速度，争取交在别的同学前面，成为班上交作文作业最快的人。可是，这种空想又有什么

写日记的好处

用呢？

　　该如何改变我写作文困难的现状呢？思来想去，我觉得以后应该这样做：一方面要增加阅读量，多阅读有益的课外书；另一方面就是多记录，就比如我今天的心情，记录下来也不错哟。我只要做到这两点，相信我的作文水平会大大提高的，我的烦恼也会消失的！

　　其实，用日记记录下苦恼的事不正是一篇能与读者产生共鸣的小作文吗？日记可以为作文积累很多素材，每一天看似简单的记录，也许在将来的某一天会突然让你灵感喷涌。即使多年后，翻开原来的日记读一读，勾起你无限美好的回忆，又何尝不是一件有意思的事情呢？

老鼠日记

王时超

3月13日　星期一　晴

这是一个月黑风高的夜晚，我偷偷潜入阳光小学第五办公室，闻到了一股香香的味道，我使劲嗅了嗅："哇，真香！"这香味是从张老师的办公桌上飘来的，她刚怀了小宝宝，一定有很多好吃的东西。

我随即跳上椅子，又跳上桌子，见桌子上有一个花瓶，我就想借这花瓶的高度来环顾四周，找出食物。我马上爬到叠在一起的本子上，鼓起勇气向花瓶一跃，眼看就要抓住花瓶沿儿了，可是花瓶实在太滑了，我不幸落入花瓶中，真是"一失足成千古恨"哪！

我望着高高的花瓶口，心里宽慰自己，既进得来，也一定能出得去吧！我双腿猛地一蹬，跳到了半空中，可刚碰到花瓶沿儿就摔了下来，屁股被摔得疼极了。我不断地尝试，不断地失败，终于，跳不动了……我瞪着眼睛望了望花瓶口，感觉瓶口似乎高了许多。我坐下来，好像听到了妈妈的劝说："孩子啊，外面危险，就别出去了！"又好

像听到了爸爸的警告:"孩子,凡事要谨慎哪!"想想这会儿,爸爸妈妈一定在焦急地四处找我呢!爸爸妈妈……

3月14日　星期二　晴

清晨,窗口透进了一缕"刺眼"的阳光,我睁开眼睛,看见有几位老师正盯着我看,他们脸上出现了惊讶的表情。我吓得躲到了角落里不敢动一下。过了一会儿,一位老师扔给我半块饼干,我真是太高兴了,我正愁早饭吃什么呢!我拿起饼干就大口大口地吃起来,可马上想起来,我正是因为找食物才掉进这个"无回谷"的呀!呜呜呜……我心里暗暗哭泣!

没过多久,几位老师就把我当"活标本"带进了教室,给同学们上作文课了。我看见一群同学,我知道他们没有恶意,就不停地在花瓶里跑来跑去,还祈求着:"放我出去吧!"大家都注意到了,但都不知道我的目的,以为我只是因为害怕。我真想让他们明白我是想出去!我不停地跑着,不停地祈求着,可周围的人都没吭声。看来,靠别人是不行了,只有靠自己的努力了!我想起了焦急的父母,想起了温暖的家,我好想回家!我跳,摔下,我再跳,再摔下……我又想起了亲密无间的鼠朋鼠友,我不想离开他们哪!我跳,我再跳,再一次重重地摔下……我想起了阳光,想起了草坪,想起了河流,想起了春风,我要出去!我跳,我跳,我再跳……

3月15日　星期三　晴

　　天又蒙蒙亮了，我已经在这个"牢狱"中跳了一夜一天又一晚了，我累得喘不过气来，四肢瘫软地趴在地上，眼皮突然一下子变重了，我好想舒服地"睡"上一觉。外面没有风，没有树叶摩擦的声响，也没有鸟儿的叫声，除了办公室里的钟表嘀嗒嘀嗒的声音，四周仿佛死一般的静寂。我渐渐地感到身体轻飘飘的，一下子升过了瓶口，我看到了爸爸妈妈、亲朋好友，亲吻到了阳光、土地、鲜花……

　　谁也不知道我是怎么死的，不知道我死前看到了什么，只知道我在这样一个夜晚后，一直躺在那个花瓶里……

　　老师办公室里来了个"不速之客"——一只小老鼠，掉进了张老师的花瓶里。老师就把老鼠带入课堂，给学生们上了一堂作文课。学生们展开想象，写了各种题材的文章。这篇《老鼠日记》形式新颖，从老鼠的角度描述了它的经历，刻画出了老鼠细腻的心理活动，充分体现了小学生作文源于生活，又高于生活的理念。

同学们都知道，写日记能够训练大家遣词造句的能力，提高作文水平。许多人通过坚持写日记，成了小作家，写出了许多优美的作品。

写日记的作用不仅仅是提高作文水平，它的作用还有很多。比如，坚持写日记能培养观察能力。养成随时随地留心观察社会、思考生活的好习惯，你将积累大量知识和生活素材。

名师教你写日记

二十年前的一天,我参加过教育家朱永新教授的一场报告会。他在报告中说:

> 人人都能取得成功,只要你坚持写日记就行。如果你不相信,从今天开始,你每天写一篇日记。十年以后,你拿着3 600多篇日记来见我,你就会相信我今天所讲的话了。

写日记的好处

听了朱永新教授的报告，我非常激动。回到家后，我对正要上一年级的儿子说："儿子，你从一年级开始每天坚持写一篇日记。"儿子说："老爸，我一个字都不会写，怎么写日记呢？"我对他说："老爸帮你想好了，你每天回来跟我讲一件有趣的事情，我帮你记录下来，就是你的日记。"

坚持的力量是惊人的。有个绘本故事叫《犟龟》。

> 一只小乌龟正在从容地散步，飞来了一只鸽子，说要去参加狮王的婚礼。小乌龟自言自语地说，它也要去参加婚礼。一路上，小乌龟先遇到蜘蛛，蜘蛛知道小乌龟的目的后，便用一种嘲笑的态度刺激小乌龟，想让小乌龟知难而退，可小乌龟却若无其事，坚持自己的想法。小乌龟走哇走，又碰到了一只小蜗牛，小蜗牛也叹着气，说它速度慢，赶不上的。但小乌龟依旧不放弃，继续前行。之后小乌龟又遇到了壁虎、乌鸦，饱受冷嘲热讽。历尽千难万险，最后，它以非凡的毅力到达婚礼现场，虽然这里现在正在举行狮王子的婚礼，但是功夫不负有心人，小乌龟得到了回报，它感到非常幸福。

这个故事告诉我们：只要你开始上路，并执着地坚持前进的方向，你终会到达自己的目的地。

2016年，我儿子的日记选集出版了，朱永新教授亲自写了序言《童年史诗》。在序言里有这样一句话："这哪仅仅是日记，这分明是一部童年史诗啊！"正是坚持写日记，让儿子留住了他的童年，留住了他的每一天。

同学们，坚持写日记，可以留住我们的童年，留住我们一去不复返的时光，这是多么有意义的一件事啊！

儿子为日记选集写了一篇后记《一枝一叶总关情》，他这样写道：

> 最近我又把自己的日记从头到尾读了一遍。这么多年过去了，有些事却依旧记得那么清晰，比如六年级的那篇《首开纪录，并未取胜》，酷爱足球的我至今仍记得自己在"正式比赛"中的第一粒进球，记得赛前是如何竭力争取首发位置，记得这粒进球的全过程，当然也记得进球后的疯狂庆祝、肆意宣泄……而有些模糊的记忆又被日记唤醒。比如三年级的《第一

写日记的好处

次野营》，我只记得那是英语老师带我去的，但没想到野营中自己学会了使用对讲机，自己搭了帐篷，更没想到自己还表演了节目……当然更多的事情已经被彻底忘记了，比如六年级的第一篇日记里，我居然打乒乓球赢了老爸，这是我断然不敢想象的事情，要知道即使是现在老爸水平下降、体力变差的时候我都赢不了他，更别说六年级了，我想当时老爸肯定是让了我。

毫无疑问，日记成功地唤醒了我的童年，当我为小学时做过这样那样的事感到惊讶的时候，童年就在我的心里重新烙下了深深的印迹。很多人会谈论日记的各种作用，比如提升作文水平等等。但是我想，当多年之后重新打开儿时日记的我们为自己过往的岁月或惊喜、或惭愧、或开怀大笑、或黯然神伤的时候，有什么会比留住童年更能诠释日记在这一刻带给我们的满足感呢？我们不会计较日记如何提升我们的语言表达水平，不会在意它如何明晰我们的思维，只会由衷地感激当年用一支笔去记录童年的冲动，感激身旁父母师长的鼓励，感激日复一日、年复一年的坚持。

当我们长大后,还能读到我们童年时写下的日记,回想起那一段美好的童年时光,这是一件多么幸福的事啊!

写日记的好处

成长着 快乐着

朱瑶瑶

翻开日记，重温儿时的欢乐与甜蜜，当我读着那些幽默风趣的成长故事，快乐又萦绕在身边……

时间： 2019年12月11日
地点： 家中厨房
事件： 家中来了客人，妈妈让我去买两瓶可乐。买回来后，我想：不如先自己喝个痛快，再给客人们喝。于是我把可乐往衣服里一藏，来到空无一人的厨房。刚想拧开瓶盖，一个歪点子出现在我脑海里，我便在瓶盖上钻了一个小孔。顿时，可乐从小孔里喷了出来，越喷越高。我连忙用嘴去吸，可是可乐气太足了，顿时我嘴里好像有千万只蚂蚁在跑。我连忙打开瓶盖，可乐像喷泉一样飞到天花板上又滴下来，滴在我的脸上。我生气极了，不小心又把"出口"对准了脸，可乐一下子喷到脸上。哈！我第一次尝到了用可乐洗脸的感觉。

时间： 2021年暑假

地点： 家中客厅

事件： 以前爸爸喜欢吸烟，我喜欢看电视。我建议爸爸少吸烟或者不吸烟，他不听我的；爸爸命令我少看电视或不看电视，我也不听他的。

终于有一天，妈妈提出建议："瑶瑶，你让爸爸少吸烟，爸爸让你少看电视，你们俩何不来个'父女同戒'？"好吧！父女立字为据，于是"公约"产生。

可吃完晚饭后，我又照常看起了电视剧，爸爸又在那儿"吞烟吐雾"。妈妈看到这种情形，读起了我和爸爸的"公约"：

> 甲方：女儿　　乙方：父亲
>
> 为了女儿的学业，为了父亲的身体，定下此公约：父亲不能吸烟，女儿少看电视（限新闻）。
>
> 监督人：母亲

这时，我关掉了电视，爸爸把烟按进了烟灰缸，我们都不约而同地笑了……

写日记的好处

时间： 2023年国庆期间
地点： 家中书房
事件： 国庆放假了，妹妹从幼儿园回来，她到家还没坐稳，就问我："你说1+1等于几？"这使我十分警惕，因为她手里有一本名人小册。

"在哪种情况下？"

"在正常情况下。"

我沉思了很久，偷偷地用计算机算了一下，是2啊！再看看妹妹，她正在不怀好意地偷笑。

过了一会儿，妹妹又问："你想好了没有？"

"当然。"

"等于几？"

"就是名人说的那个答案。"

"别耍小聪明，要正面回答。"

我不管三七二十一，说："我的启蒙老师告诉我1+1=2！"妹妹哈哈大笑。怎么，难道错了吗？妹妹说："没错，这是真理，就这么简单，你真是唐僧的二徒弟呀！"我也笑了……

这就是儿时，那片属于我回忆的天空……

成长的快乐在一瞬间可能就烟消云散了，可是日记能让这份快乐延续到无穷远。当你遇到成长中的烦恼时，翻看一下儿时的记录，那份快乐可以给你心灵的滋养，可以让你扬起风帆继续远航。

我的生日

闫伟峰

2018年11月14日　6岁生日

我迈着脚步快速向家走去，心中乐得比吃了枣花蜜还甜——终于又能见到久违的"老友"——生日蛋糕了！

脚刚刚踏进家门，就看见爸爸妈妈两张笑得像花一样的脸出现在我面前，我像阔别父母很久的小麻雀一样扑进了爸爸的怀抱，爸爸抱住我转了个圈，尽管我已经头晕眼花了，但还是嚷着要再来一个。

我迫不及待地对妈妈说："快点儿吃蛋糕吧！"妈妈笑吟吟地说："快来坐好，蜡烛都插好了！"我安静地坐在沙发上，由于抑制不住心中的激动，我还不停地打激灵呢！一根根生日蜡烛顶着可爱的小火苗，仿佛在召唤我快点儿"消灭"掉奶油蛋糕，我怀着激动的心情闭上双眼，默默地许了个愿，其实，闻着奶油的香味，我的心早就痒了。

我睁开眼睛，一口气吹灭了6根蜡烛，妈妈把手拍得啪啪响，仿佛是一阵礼炮。爸爸拔掉蜡烛，拿起刀来，干净利落地把蛋糕分好，带小花狗的那部分蛋糕就摆到了我

面前。肚子里的馋虫已经活跃起来,我马上开始狼吞虎咽,嘴里含混不清地说:"谢谢爸爸!"等我抬起头来,已经是正宗"花脸猫"了,我没有把奶油抹掉,而是故意把头转向爸爸。看见我这副样子,爸爸笑得都合不拢嘴,妈妈也把蛋糕喷出来了。吃完生日蛋糕,一家人挨在一起看电视,一幅其乐融融的画面!

  2022 年 11 月 14 日 10 岁生日
  转眼又是一个寒冷的星期一,而今我已经长高长大,爸爸再想抱起我来除非让时光倒流。
  我穿着一件单薄的外衣,里面的毛衣也薄得可怜,下身穿了一条喇叭口的浅蓝牛仔裤,更令人不可思议的是,风争先恐后地往衣服里面钻。

写日记的好处

爸爸妈妈简简单单地吃了一点儿东西，我们之间只有几句零碎的交谈，家中形成了"三足鼎立"的局面：妈妈趴在电脑桌上备课，爸爸躺在床上翻看一本杂志，我则焦急地等待几位朋友的到来。桌上的饭菜都快凉了，门口才传来了敲门声。我一开门，四五个男孩一拥而入，我们相互拍着肩膀："嘿！怎么现在才来？花都谢了！"

爸爸妈妈招呼他们入座，我们坐在沙发上，讨论得热火朝天，嗓门儿一个比一个大，就像夏天雨后水塘里鸣奏交响曲的青蛙。我在蛋糕上插好了10根蜡烛，用打火机点着，火苗在微风的吹拂下活泼地跳动着，没一会儿蜡烛就矮下去不少，我马马虎虎地许了愿，就一口气吹灭了这些火苗。

"动筷子吧！"我一边分蛋糕一边热情地说。大家一阵风卷残云，半只北京烤鸭已经不翼而飞了，几盘荤菜也如魔法般消失了。这几个"网虫"吃饱了，当然是拥在电脑前，恨不得扎进屏幕里，大家吵得沸沸扬扬，我也开心地笑着，大家在一起真热闹。我好不容易"脱身"了，突然发现爸爸正笑眯眯地盯着我们呢！我心中有无限的心酸涌出，后悔没叫爸爸妈妈一起吃饭。以前过生日的镜头不断在我眼前闪现，我心头一阵震动。我连忙把妈妈和爸爸拉到餐桌前，说："你们也吃呗！别饿着了。"爸爸微笑着举起筷子……

2023 年 10 月 27 日

今年我的生日，我一定要和爸爸妈妈好好找回以前的感觉。忘记了生育自己的父母，一个生日还有什么意义呢？

如果不是6岁生日和10岁生日的对比，也许你还没有发现，自己和父母的距离正在慢慢拉大，所以才有了第三次生日的日记里写的：忘记了生育自己的父母，一个生日还有什么意义呢？也许这就是写日记的真正意义吧——帮助我们留住亲情、留住美好。

写日记的原则

　　知道了写日记的好处，许多同学都拿起笔，开始写日记了。那么，写日记应该从哪里入手呢？可以从兴趣入手，兴趣是最好的老师。爱迪生童年对孵小鸡的兴趣，法布尔童年对昆虫的兴趣，引领他们步入科学的殿堂。这样的例子有很多，兴趣真的太重要了。

　　写日记，首先要消除自己的畏难情绪。其实，写日记是一件挺简单、挺好玩儿的事，就像做游戏一样。

　　我儿子开学第一天放学回到家，我让他说一件学校里发生的有趣的事，他说："今天开学了。我和班里的小朋

写日记的原则

友等老师来上课。孙老师来了，他给我们讲了一个故事，这个故事真好听。我也给小朋友讲了一个故事，故事的名字叫《爱吹牛的小花狗》。小朋友听了都说很好听，他们都鼓掌了。然后，刘莉小朋友上去跳舞，她跳的是孔雀舞，她跳得真精彩，小朋友们也鼓掌了。"

儿子一边说，我一边用一个田字格本工工整整地记录。儿子说完后，我照着田字格本上的记录给他读了一遍，并说："儿子，你真了不起。这就是你创作的日记！"儿子拿过本子，也有模有样地读了一遍，兴奋之情溢于言表。原来写日记这么简单，就像搭积木一样，用积木垒成各种房屋、车辆或动物，用文字垒成一篇有趣的文章。

从此，儿子每天一回家就会给我讲当天他发现的有趣的事，并要我记在田字格本上。一个学期下来，我们记录了好几本。每天的日记记录完后，他都要学着我的样子读一遍，这样儿子认识的字也越来越多，他写日记的积极性也越来越高，兴趣越来越浓。

写日记是不是挺简单的！只要把你看到的、听到的、想到的写出来就行了。

你可以写自己身体发育变化的情况，如身高、体重等的变化，从中可以看到自己身体的成长。

你可以写自己的学习情况。如当天所学知识，什么地方懂了，什么地方还不明白，这样可以巩固和加深记忆，时间长了可以看出自己掌握知识的规律与变化。

你可以写自己生活中的点滴小事和家庭的变化情况，如新添的家用电器，或者家中来的客人等。由此，可以从家庭看到社会生活中的部分变化规律。

你可以写自己的所见所闻。除了自己的学习、生活及家庭情况外，一天当中的所见所闻有很多，选择印象最深，自己认为有意义、有价值的事记录下来。比如某条街上新开了一家有特色的店，开张的时候很热闹，你就可以写下来。

你可以写自己的思想认识和情感变化。在学习和生活中，每一个人都会产生一些思想，原来没认识到的，现在认识到了；原来不是这样想的，现在这样想了。在成长过程中，每个人在情感上也会发生变化，原来对某人感觉不大好，现在变好了；原来对某件事总是有点儿

写日记的原则

烦，现在渐渐喜欢做了。这些都可以用夹叙夹议的方式把它记录下来。

同学们，一开始写日记可以形式多样，你喜欢怎么写就怎么写。

你可以写剪贴日记，把自己喜爱的邮票、画片、照片贴在日记本上，并按图意写一句或一段完整的话加以说明。

你可以写信息日记，把看到的、听到的最有价值的或最新信息写下来。

你可以写气象日记，把每天的天气、温度、风力、风向或新出现的自然物候现象写下来。

你可以写摘录日记，把看到或读到的名人语录、格言、座右铭或优美词句摘录下来。

你可以写学习日记，把课本上学到的、课外阅读中读到的，印象较深的心得体会写下来。

你可以写活动日记，写你参加的各种活动，活动中的所见所闻、活动中发生的事，抓住要点来写。

你可以写实验日记，如做了科学小实验

或做了小手工，把过程、结果写下来。

你可以写心得日记。把自己对现实生活的思考、观点，以及自己在学习、生活中的优缺点和心理活动、进步成长等写下来。

写日记的内容这么丰富，写日记的形式又这么多样，你还觉得写日记困难吗？写日记，首先要写起来，而且越写越有兴趣，慢慢地，你就摸到了写日记的门道，就会越来越喜欢写日记。

诸老师告诉你一个小秘密，我也坚持每天写日记，记录每天的生活，久而久之，写日记成了我生活中的一部分，如果哪天不写日记，就总觉得有一件事没有完成，心里就会不舒服。哪怕出差，我也将日记本带在身边，保证每天记录，习惯成自然了。

写日记的第一步：从兴趣入手，兴趣是一把钥匙，它会打开写日记的大门。

写日记的原则

故乡趣事

李柳若

10月1日　星期日　晴

　　月是故乡明，山是故乡青，水是故乡甜，酒是故乡醇。每个人都有自己的故乡，那是我们快乐的源泉。在故乡里发生的每一件趣事，都刻骨铭心。

　　放假了，我跟着妈妈、哥哥一起来到姥姥家。到达目的地之后，我迫不及待地冲进院门。一进门，一股股浓浓的果香就扑面而来。我不由得深吸一口气："哇，好香啊！"院子里，两棵苹果树挺立在院中央，树上的苹果随处可见，一个个红艳艳的挂满枝头，像一个个小灯笼，而那浓密的绿叶则成了苹果的陪衬！不行了，不行了，太诱人了，越看越想吃，我得去让姥姥摘几个下来吃。我冲进屋里大声喊道："姥姥，姥姥，您在哪儿呢？""哎——若若，我在这儿呢，在这儿呢！"原来姥姥在厨房做饭呢！

　　我奔进厨房，先给了姥姥一个大大的拥抱，然后上下打量了一番：姥姥的脸色很好，只不过皱纹又多了些，白头发又多了些，感觉比之前瘦了些，不过从她炯炯有神的

眼睛看,她很健康,这下我就放心了!姥姥用手在我眼前晃了晃,说:"怎么了?发什么呆呀?"我回过神来说:"哦,没事。对了,姥姥,咱们院子里的苹果熟了吗?""熟了,一会儿给你们摘点儿吃。"我点了点头,心满意足地回到了院子里。

可是一出门,我又看到了那诱人的苹果,更想吃了!我把妈妈和哥哥叫出来,果然,他们看到苹果后也是垂涎欲滴。于是,我们决定自己摘。

我和哥哥率先上阵,使出了两大绝招儿——先是摇。我们两个使出吃奶的劲,抱着苹果树奋力地摇,奈何这棵树太粗壮,没有一丝效果,反而把我们累得满头大汗。首战以失败告终。

可是我们这两员大将并不死心,于是又使出第二个绝招儿。这就有点儿粗鲁了。我和哥哥齐刷刷地用脚朝苹果树的树干踹去,可这棵树太强大了,死死抱着它的宝贝苹果不放。第二战,又失败了。

我和哥哥气呼呼地站在一边,折腾半天,一点儿收获也没有。这时,姥姥拿着一根长杆子走了过来。这根杆子大概有3米多长,它的顶端是用一根铁丝制成的圈子,圈子上面套着一个用布做成的袋子。我和哥哥不约而同地看向姥姥,满脑袋里都是问号。我率先开口问道:"姥姥,这是个啥?"姥姥神秘一笑,说:"像你们这么做肯定不行,

写日记的原则

看好了。"姥姥将这根杆子举到一个苹果下面,然后将这个杆子顶端的布袋套在苹果上轻轻一拉,一个苹果就乖乖地落入了布袋里。姥姥的操作看得我们目瞪口呆。"给。"姥姥将苹果递了过来。"哇,神了!快,姥姥,给我试试。"哥哥惊喜地说。他迫不及待地拿起杆子,学着姥姥的样子,也顺利地摘下了苹果。最终之战,成功!

我拿起一个苹果,随便在衣服上擦了擦,塞进嘴里大口地吃了起来。"好甜哪!又大又甜的苹果。""慢点儿吃。不洗洗吗?"姥姥笑道。"顾不上洗了。"我答道。

这苹果的滋味,不仅是味道上的甜,还是故乡的甜,故乡亲人的甜。这种甜每个人都有,而且是永远不会消失的。

老师点评

这篇日记记录了假期里回到姥姥家摘苹果的趣事。简单的一件事在小作者笔下却那么富有生活情趣,有"我"和哥哥的蛮干、有姥姥的巧干,有亲人的陪伴、有丰富的体验,谁说日记非要记录大事呢?这生活中的一件件小事也值得被记录。

起床"斗法"

洪书瑶

10月7日　星期六　阴

天气好冷啊,像我这种一冷就躲在"大火炉"——被窝儿里不起来的"毛毛虫",怎么可能轻易离开我那温暖的小床呢?

但作为家中"老虎"的母亲肯定不会让我呼呼大睡呀!这不,一场激烈的"斗法"正缓缓地拉开帷幕。

"瑶,起来了!"妈妈温柔的声音在我耳边响起,但在我听来就像是一只蚊子在嗡嗡乱叫,所以,我只当没听见,翻了个身,捂紧被子,继续做甜蜜的大梦。见我没应声,妈妈立即换了腔调,使出祖传秘籍中的第一招"狮吼功",一声怒喝,炸雷似的:"怎么还不起来?起!"在我家,一个字的命令最可怕。不过她没想到,我天天晚上跟着奶奶听那"响彻云霄"的睡前小广播,早已练成了"失聪功"。她巨大的吼声在我听来,也只不过是几声蚊子叫而已。这一次,我完胜。

一招不成,又生一招。母亲大人见没有多大的杀伤力,

写日记的原则

便使出第二招"挠痒神功"。她以每分钟一百八十次的频率快速地挠着我怕痒的所有部位：胳肢窝、脚心、耳朵……但从小机灵的我，已经让弟弟帮我练成了"金刚不坏之身"，随你怎么挠，我纹丝不动，看你有什么法子。第二局，忙坏了母亲，可最后还是我赢喽！

俗话说：姜还是老的辣。小学水平的我怎能斗得过硕士研究生毕业的母亲大人呢？只见她掏出平板电脑操作一通，顿时，《凹凸世界》的主题曲缓缓响起，美妙的音符在我耳畔回荡。听到喜欢的音乐，我瞬间清醒，兴奋得一下子从床上蹦了起来，嘴巴也跟着哼唱起来。我迅速地穿好衣服、穿好鞋，下了床，踏着熟悉的节奏，像打了鸡血一样摇摆起来。音乐戛然而止。这下好了，我和妈妈就如张飞穿针——大眼瞪小眼！好吧，妈妈赢了这局，关键是——我起床了。

这样的事几乎每个双休日都会发生，所以，邻居王奶奶对我们家有个精辟的点评："你们家就是现实版的《西游记》和《白蛇传》，每天早上都会'斗法'。"

"嘻嘻！"我忍不住调皮地吐了吐舌头。

"嘿！还不是因为家里有这个淘气的小机灵鬼呀！"妈妈指了指我。

老师点评

是不是每个同学起床的时候都会有一番斗争呢？在小作者笔下，这起床里藏着这么多招数呢。文中精彩的语言和动作描写让整篇日记读起来妙趣横生，让人乐不可支。

第5讲

写日记要写有意思的

日记可写的内容非常丰富，看到的、听到的、想到的，什么都可以写。但是，有同学会说日记写得多了，会觉得生活很平淡，没什么好写的。

从二年级开始，我让儿子自己独立写日记。日记写得多了，儿子就常常觉得没什么可写，因此一到写日记时就皱眉头。

看到皱眉的儿子，我说："写日记就写你自己觉得最有意思的。"但儿子依然不得其解。

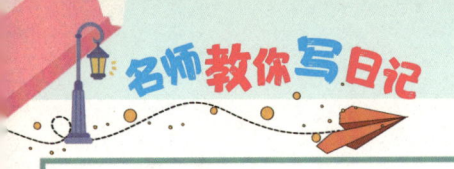

一天，儿子看了一场杂技表演，回家后眉飞色舞地讲述一位老爷爷表演的推花瓶。于是，我便对他说："推花瓶挺有意思的嘛！今天的日记你还用找别的事？"他一听恍然大悟，不到十分钟，一篇日记就写完了。

日记中写自己感到有意思的事很重要，有意思的事你印象比较深，写起来有话可说。

下面，我给大家讲一个著名作家肖复兴指导儿子写日记的故事。

> 肖复兴有个儿子叫肖铁，肖铁上三年级的时候，有一次，他为参加中队会，准备做一个叫"肥皂的魔力"的小实验，便在家里忙开了，不时还叫上爸爸和妈妈先帮忙后观战，觉得肯定能在中队会上一炮打响，于是，兴高采烈地上学去了。果然，肖铁成功了，回家后一边吃饭一边不住地说中队会上的实验。于是，肖复兴便对他说："这次你的实验就挺有意思的！你写日记还用找别的事？"肖铁一听恍然大悟。可不是挺有意思的嘛！老师和同学都夸奖了他，他正美滋滋的呢。写它，不难！

写日记的原则

肖复兴说:"你先别忙着写,你先告诉我这次实验当中最有意思的是什么?"肖铁不假思索地说:"本来小船扎了洞抹上肥皂水该沉底,可是,它就是死不沉底,可把我急坏了,真要是不沉底,我可露了大丑……"肖复兴说:"那你主要就写这一段,写最有意思事情中最有意思的一段,就像吃鱼要吃中段一样!"

肖铁写得挺顺,可以说是一挥而就。他是这样写的:

今天中队活动,老师让每个同学做一个小实验。没想到第一个就叫我到讲台前做实验。

我的小实验叫"肥皂的魔力"。我拿出早已准备好的肥皂水和用锡纸做的小船,心想在家里做了好几次,一定能成功!我把小船放进水盆,问大家:"它能浮在水面上吗?"大家一起回答:"能!"我又问:"如果我在船底扎许多小孔,它还能浮在水面上吗?"大家一起回答:"不能!"结果我用大头针在船底扎了许多小孔,小船仍然浮在水面上。大家都笑了,他们错了。

最后我问大家:"如果我在船底抹一层肥皂水,

> 它还能浮在水面上吗？""不能！"这次大家说对了。可小船偏偏死不沉船，我有点儿着急了。老师在一旁安慰我说："它得需要时间，慢慢沉下去吧？"我急出一脑门儿汗，只好眼巴巴地等小船沉底！它却像和我斗气，还慢慢悠悠地不下沉。
> 　　啊！终于，水渗进了小船里。小船到底沉不住气了，渐渐沉了水底。全班同学热烈鼓起掌来。

　　每个人都有自己的爱好，有的同学爱好打篮球，有的同学爱好集邮，有的同学爱好跳舞。诸老师建议，写有意思的事，先从你的爱好写起，爱好能帮助你写日记。因为是你的爱好，你写起来总会有兴趣，就不会仅仅是为了完成任务。而且，因为都是你自己喜欢的，信手拈来，不用苦思冥想，就能写得洋洋洒洒。

　　我儿子喜欢足球，经常跟同学一起去踢足球，找不到同学的时候，他会拉着我来到足球场上，让我当守门员，他来射门，我们父子俩玩得不亦乐乎。回到家，一篇与足球有关的日记一挥而就。

你也来试一试，写一写自己的爱好。诸老师相信，你一定会有话可写，甚至会一发而不可收。

宋代诗人朱熹有一首诗《观书有感》："半亩方塘一鉴开，天光云影共徘徊。问渠那得清如许？为有源头活水来。"这首诗告诉我们，生活是写作的源泉，"留心处处皆学问"，只要多留心，写日记的素材一抓一大把。

当然，在这一大把素材中挑选出最有意思的来写，你的日记水平就提高了一大截呢。

吃西瓜大赛

范泽骄

7月19日　星期三　晴

炎炎夏日，大地被太阳烤得滚烫，知了在树上卖力地叫着。我正参加一个军事夏令营，教官的魔鬼训练早已让我们汗流浃背。随着一声哨响，我们有气无力地分散开。

这时，一位教官端出两盘西瓜，我们顿时眼前一亮，纷纷拥上前去。我刚伸手想拿一块西瓜，教官却以迅雷不及掩耳之速，把装西瓜的盘子端了起来。随后说："我们来比个赛，赢了的队可以吃西瓜，输了的队每个人要做五十个俯卧撑。"我们一听有比赛，瞬间便安静下来，听教官讲规则：先由每个队的副班长坐在椅子上，班长和副班长都戴上眼罩，班长在原地转五圈，然后接过教官手中的西瓜，给副班长吃，先吃完的队获胜，后吃完的和浪费多的队为输。作为副班长的我不幸"中枪"。

我坐在椅子上，有些忐忑不安。忽听教官一声令下："比赛开始！"班长迅速地戴上眼罩，在原地自转五圈，

然后接过教官递过来的西瓜，快速地冲过来，二话不说就把西瓜往我嘴里塞。因为看不见，我误咬到一块西瓜皮，害得我咳嗽了几声。台下传来一阵哄笑声。出于无奈，我只能用鼻子来"试探"，靠西瓜的气味，在空中乱啃，还不小心咬到了舌头。队友手拿西瓜像刷牙一样使劲在我脸上刷，导致西瓜汁溅了我一脸。最后我一大口吃完了西瓜，获得了第二名。我掀开眼罩一看，左边的选手脸上多了许多"黑痣"；右边的选手像"关公转世"，满脸都是西瓜汁。我光顾着笑别人，教官拿起一面镜子让我看，不看不知道，一看吓一跳。我不仅满脸西瓜汁，而且脸上还有几颗西瓜子，嘴角残留着吃剩的西瓜。我们几个选手我看看你，你看看我，和台下的观众捧腹大笑起来。

　　教官却神不知鬼不觉地又端上来几盘西瓜，说："看样子你们很喜欢吃西瓜，白天没吃够，晚上出来继续吃。"我们又笑了起来，像一群蜜蜂似的围在西瓜旁。有的人一口就吃掉一块西瓜，有的人一下拿了好几块，有的人干脆拿着一个小盘子来装，大家的肚子都吃得像西瓜一样滚圆。

　　虽然太阳的威力不减，但我们却不再炎热。吃西瓜比赛，给又苦又累的军事夏令营增添了一抹有趣的色彩。

　　夏天的趣事说也说不完。小作者通过幽默生动又形象的语言，为我们描述了一场别开生面的吃西瓜大赛。生活中有意思的事情有很多，关键是要留心观察才能留下精彩的记录。

写日记的原则

给蚂蚁量身高

张祥玮

7月14日　星期五　晴

我从小就喜爱昆虫，像什么毛毛虫、蚂蚱、螳螂……我常常把捉来的小昆虫养起来，还时常和它们说说话，但它们总是不理我，大概是听不懂吧！我有很多印着昆虫图片的书。别看我是女生，胆子可大着呢，想法也比一般人独特呢！

今天，爸爸把我送回了爷爷家。我迫不及待地奔向爷爷家的后院，那里的昆虫种类可多了。看着地上忙碌的蚂蚁们，我脑子里忽然闪过一个念头：每个人都有身高，那蚂蚁应该也有吧！于是我掏出随身携带的本子、笔、尺子，决定亲自为蚂蚁量量身高。我抓起一只大蚂蚁把它按倒在地，那蚂蚁却不情愿地极力挣扎。我对它温柔地说道："配合一下，让我量量你的身高！哎呀！"不好！蚂蚁跑了。我管它三七二十一，重新把蚂蚁压在尺子下面，仔细地看尺子上的刻度，并记录下来。终于成功了，我高兴得手舞足蹈，立刻告诉小蚂蚁："小蚂蚁，你的身高是0.9厘米。

多谢合作!"可是黑蚂蚁并不领情,抖抖身子生气地跑了。

我又继续在地上寻找下一个蚂蚁居民。找到了,我又开始认真测量。一整天我总共为十只蚂蚁量了身高。我竟然在后院和蚂蚁"合作"了一天,真是快乐的一天。

谁会无聊到给蚂蚁量身高?小作者就会。看似无聊的举动实际上饱含了小作者对动物的热爱,而且,将这件事情记录下来,是不是一篇非常有意思的日记呢。

第6讲

写日记要有情趣

我在一所学校开展写日记公益课程，指导一年级两个班的小朋友写日记。从九月份开学开始，这两个班的小朋友每天坚持写一篇日记。前不久，学校将这两个班的小朋友写的日记发给我看。

其中，我最欣赏下面这三篇日记。

偷 吃

9月26日　星期二　晴

今天，我和妈妈偷吃辣条了，因为爸爸平时不让我们吃，我就和妈妈偷偷地拿到三楼来吃，好辣呀！吃得好开心哪！妈妈吃辣条的样子，真像个小孩子！

想妈妈

10月17日　星期二　多云

妈妈被爸爸传染得了感冒，特别严重，昨天晚上都晕倒了。今天在学校里的时候，我都担心妈妈的身体，我想到妈妈可能会在家里晕倒，家里又没人照顾她。我在学校里想妈妈，想得哭了。

今天有点儿飘

10月24日　星期二　阴

今天，天气有点儿凉，可我的心情却很好。我今天有点儿飘了，为什么呢？因为今天我的默写得了满分，语文测试满分，假期作业三颗星，还有老师布置的任务制作字母卡片和我与国旗合照我也都完成了，而且都被老师一一

写日记的原则

表扬了。还有更开心的事,就是放学时我举班牌了,这是我第一次举班牌,我一下子举得太高了,老师叫我拿低点儿。哈哈,有点儿小尴尬。

我为什么特别喜欢这三位一年级小朋友写的日记?因为这三篇日记写得有情趣,充满了童真童趣。

小朋友写日记最可贵的是写出童真童趣。《偷吃》写一对母女偷吃辣条,读来让人想笑。《想妈妈》写得情真意切,结尾写道:"我在学校里想妈妈,想得哭了。"

一个善良、孝顺的孩子的形象跃然纸上。《今天有点儿飘》，这题目就很有童趣。结尾写道："这是我第一次举班牌，我一下子举得太高了，老师叫我拿低点儿。哈哈，有点儿小尴尬。"童言童语，可爱极了，这才是孩子的心理，这才是孩子的语言。

写日记，构思当然重要，结构当然也重要，但不要让它们束缚住你的手脚，而失去了你自身拥有的天然纯真的情趣。

我国有个大画家，叫齐白石。你看过他的画吗？齐白石有一幅画樱桃的画，樱桃大部分都画在盘子里，只有几颗在盘子外面。齐白石为什么将几颗樱桃画在盘子外面，而不是把它们全部画进盘子里呢？

请你想一想，这像不像主人装樱桃时不留神掉下来的几颗？你是不是觉得这样画更真实、亲切？

齐白石有几幅画牵牛花的画：一幅画中牵牛花的蔓上趴着一只蚂蚱；另一幅画中牵牛花的叶下跳动着两只蟋蟀；第三幅画中牵牛花攀绕的树干上爬着一只螳螂，花朵上面飞着一只蜻蜓。

既然是画牵牛花，齐白石为什么要画这么多小虫子

写日记的原则

呢？而且每幅画上的小虫子还都不一样？

你肯定想到了：有了这些小虫子，整幅画显得更生动了。比如，蟋蟀在叶底下跳动，衬托牵牛花一动不动，特别安静！蜻蜓在牵牛花上飞，花也好像轻轻在动，像活了一样……

如果不画这些小虫子，或者你用手把这些小虫子捂住，只剩下牵牛花，画面会呈现出什么效果？

齐白石的画好，其中一个因素就好在他的画有着浓厚的生活气息。如果失去了生活本身的天然情趣，画就失去了味道。

写日记和画画是一样的。日记要写得有味道，也要有浓厚的生活气息，充满童真童趣。

有一次，儿子跟我走在回家的路上，他兴奋地告诉我："爸爸，今天我跟同学开了个玩笑。"我说："什么玩笑？"儿子说："我用一段透明胶粘住刘莉的作业本，课间，她翻作业本的时候，打不开。"我说："你只是想和她开个玩笑对不对？今天的日记你就可以写这个玩笑。"儿子说："这样调皮捣蛋的事也能写在日记里？"我说："可以啊，当然可以。"

儿子一回到家,就拿出日记本开始写日记,写得特别得意,也写得十分顺畅,简直是下笔如有神。

写日记时,不要给自己有太多束缚,这不能写,那也不能写。放开来写,写出你对生活的独特感受。你要大胆想象,让你的思绪自由地去飞翔。就用自己舒服的语言写出属于自己的日记。

写日记的原则

好厉害的大风

霍田田

10月25日　星期三　晴

今天放学，妈妈去接我，回家的路上，大风一直呼呼地吹着。

行人都顶着风艰难地向前走，头发被风吹得向后散开。我把帽子戴上，用手紧紧地抓住帽子，眼睛眯成一条细缝，稍微弓着点儿身子，跟在妈妈身后，吃力地向前走。

商店广告牌上的布被这双非常有力的巨手——风撕得破碎不堪，只剩下了铁架子。路边的小树也被吹得左右摇摆。塑料垃圾袋漫天飞舞，时而高，时而低。楼房防盗窗上安装的遮雨板啪啪作响。交通信号灯晃晃悠悠，好像随时都会倒下来。路边停着的自行车、摩托车和电动车，有许多倒在地上，东倒西歪，一片狼藉。

好厉害的大风！

小作者没有直接描写风,而是通过风中的行人、广告牌、路边的小树、塑料袋、遮雨板等的状态来表现风的威力。一篇非常短小的日记,却让我们看到了高明的写作方法。

写日记的原则

晒被子

张林晨

10月12日　星期四　晴

一条条图案不同的被子在阳光下闪着异样的光泽，趴在上面闻一下，一股带着阳光特有味道的气息弥漫开来，暖暖的，甜甜的。

"晒被子喽——"一声欢快的喊声打破了沉静的学习气氛。原来，今天是晒被子日。

课间操结束，大家就排着整齐的队伍回到寝室。"枕头，被子……好重啊！"大家纷纷抱怨起来，再加上垫被，就像一块巨石！大家扛着被子，摇摇晃晃地走着，每迈出一步都非常艰难，照这样子，能扛下四楼吗？

但是已经走到半路了，总不能把被子扔下吧！只能咬紧牙关，肩上扛着，怀里抱着……一步三晃地走下了楼，娇小的我们整个人似乎都被这沉重的被子埋没了。尽管已是秋月，骄阳依旧似火，头上的汗不听话地流了下来。

我快坚持不住了，被子的一角已经拖在了地上，眼看就要掉下去了，这可怎么办？从被子的一角往外望去，哈

哈，天助我也！小戚正晒完被子回来，我忙不迭地叫住他："小戚，帮个忙。"也不等他同意，我便递给他一床被子。这一下轻松了不少。

总算挪着走到了终点！崔老师帮我把被子放在架子上，随后又去帮别的同学了。

虽然累得要死，但一想到晚上能躺在一个充满阳光气息的被窝儿里就心花怒放。太棒了！

这篇《晒被子》与上一篇《好厉害的大风》有异曲同工之处，都选取的是生活中极普通的一件事，但是小作者有一双善于观察的眼睛，能把小事写得不普通、不简单，这就是高明之处。

写日记的策略

第7讲

怎样写好身边的小动物

前面六讲我讲了写日记的好处和写日记的原则，从今天开始，我要给大家讲写日记的策略，也就是如何写出一篇精彩的日记。

要想写出精彩的日记，我建议从身边的小动物写起。为什么呢？因为同学们都喜欢小动物。在和比你还要弱小的动物的接触过程中，你常常能够表现出对世界的另一种态度，表现出你最为纯真和独特的一面，而这恰恰是写好日记的重要方面。因为你喜欢小动物，你的观察必然细致；因为你观察细致，写出来的日记会更加具体生动。

写日记的策略

小动物是写日记的好帮手。我知道有很多同学在家里饲养了你喜欢的小动物，比如小猫、小狗、小白兔等等。我儿子特别喜欢养小动物，我家的阳台上养了一只小白兔，儿子也对它关心备至，每天放学回家，都要给小白兔喂食，与小白兔一起玩耍，简直是一对好朋友。《我家的小白兔》就是他写的日记，而且一连写了好多篇关于小白兔的日记。你看，家里养小动物的同学，写日记就有更多素材了。

我儿子二年级的时候，日记中的小白兔是这样写的：

> 我家养了一只小白兔。它全身的毛是雪白雪白的，它的眼睛很特别，是红色的，跟其他的动物不一样。因为小白兔前腿短，后腿长，所以它走起路来一蹦一蹦的，但它跳得很高。它喜欢吃白菜。每天放学一到家我就喂它吃白菜，还把它带到楼下的草坪上玩，它跑来跑去的样子真可爱！我太喜欢它了。

写小动物，当然要写它的外形，写它如何运动，写它喜欢吃什么等等，而这一切，都来源于与小动物的交往和你的观察。写日记，从本质上来说，写的就应该是情感交流。从某

种角度来说,没有情感,没有交流,日记就无从写起。

在最开始写日记的时候,写与小动物的交流,要比写与人的交流容易得多。因为,在与小动物交流的时候,你是个大人的样子,你会把更多的爱心、耐心和细心给予小动物。而这一切更容易成为写出好日记中重要的因素,拉近你与小动物的距离,表露出更多的情感,更容易写出打动人的日记。

除了饲养小动物外,还有更方便的办法,那就是到动物园观察小动物。

到动物园观察小动物,不仅要用眼睛看,用耳朵听,更要用心去想,你认真思考了,往往会发现别人发现不了的东西,你写的日记就比别人写的好很多。

有一次,我带儿子去动物园里看小动物,回家后,儿子写了一篇日记,其中有一段是这样写的:

> 走进动物园,我的目光就被两只动物锁定了,仔细一看解说牌才知道是"大老鼠"。体长0.5米,高0.3米,其动作敏捷。望着那两只肥嘟嘟的"大老鼠",我不禁对它们产生了喜爱之情,我毫不犹豫地从口袋里拿出一块糖,扔进它们的笼子里,

写日记的策略

> 只见其中一只先是一愣，两只前爪向后一缩，然后又慢慢地伸出前爪，轻轻地碰了碰那块糖，接着迅速用两只前爪把糖捧到嘴里咬了起来，不知是我的糖太硬，还是"大老鼠"的牙齿不锋利，那块糖被它咬了好长时间也没见缩小。不过，我还是很有耐心地看它吃糖，可它却没耐心再咬那块糖了，糖就这样掉到笼子下面了。
>
> 我又先后看了雪狐、火鸡、黑熊、非洲狮、猕猴、绿孔雀等，当我将全园的野生动物都看了一遍后，那只黑熊将我吸引住了。只见它在笼子里转来转去，显得很焦虑，看得我心疼。这些野生动物太可怜了，它们被迫离开自己生活的地方，失去了自由，被人类关进笼子里，供人观赏。我还是希望野生动物可以回归大自然。

这篇日记因为写出了自己与众不同的思考，便显得有一定的深度。文章不是无情物，正因为有情感的参与，才使得日记写得更有感情和温度。

同学们还记得肖铁吗？著名作家肖复兴的儿子。有一天，肖铁跟着爸爸逛了动物园，他重点观察了两种动物，回家后，他写出了自己的观察所得与独特发现。他是这样写的：

　　孔雀是动物园的"老住户",一堆人围着它们,有的人挥舞鲜艳的头巾,有的人挥舞着漂亮的手帕,几十双眼睛盯着它,嘴里不停地发出声音想引起它的注意,都盼望着孔雀快一点儿开屏。这时,孔雀的绚丽多彩的大尾巴动了动,大家都屏息瞪大眼睛,可孔雀又不动了。我想,这里不是它的故乡,没有田野、森林,也没有明净清洁的空气,它怎么会开屏呢?

　　最吸引我的是猩猩馆,我发现了猩猩的厨房。这里有苹果、香蕉、哈密瓜、蜂蜜……冰柜里还有许多东西,我看不清,便趴到窗台上去望,嘿!原来是猩猩最爱吃的新鲜野果子!我风趣地说:"如果我能像猩猩那样过一天也挺不错!"爸爸说:"那你就得被关起来!"

　　同学们在描写动物园里的小动物时,可以重点写两三种小动物,关键要写出你独特的发现。请大家拿起笔来试一试,写一写你喜欢的小动物吧!

仓鼠"月半"

王勉一

6月16日　星期五　晴

我朝思暮想的仓鼠终于到了。它一进家门，我和它就一见如故。只见它两只小小的黑豆眼滴溜溜乱转，一点儿也不认生，我还以为它得在我家熟悉一阵子呢。

它特别能吃。我给它倒了一堆瓜子，不到两个小时，都吃光了，跟《大中华寻宝记》里的大吃货月半差不多，难怪它会胖成一个灰色的椭圆形球。于是，我也给小仓鼠起了个名字叫"月半"。

别看"月半"长得胖，动作却很敏捷，尤其是面对美食的时候。只要我把瓜子倒进它的房前，它的小爪子就像加上了风火轮一样，噌！眨眼间，两个大胖腮就塞得鼓鼓的。"月半"的房子是个独栋别墅，有个从二楼到一楼的滑梯。有的时候看到我拿瓜子来，它还会从二楼一下子滑到一楼，就像一个陀螺似的，一下就来到了我的眼前。这个"月半"吃得多拉得也快。有趣的是，它拉一下往后退一下，拉一下，退一下，如此反复，一直到拉完为止。但

让我不解的是，它拉的竟然不怕臭，明明黑色的小颗粒便便就在眼前，它却能视而不见，继续在那儿溜达。太阳充足的时候，它甚至肚皮着地，趴在木屑和便便堆上做美梦。

自从有了"月半"，我回家就有事可干了——照看"月半"。自从有了"月半"，我便有伙伴了。

"月半"不就是胖嘛，虽然胖但是动作敏捷，小作者抓住这一特点进行了细致入微的描写，一个胖嘟嘟却灵活的仓鼠形象跃然纸上。如果经常进行这样的观察和描写，那还愁你的日记写不好吗？

写日记的策略

鸟儿，我们的朋友

王健述

9月13日　星期三　晴

今天，阳光明媚，学校组织我们四年级的同学到北戴河鸟类基地进行一天的参观体验活动。同学们听说能和鸟儿近距离接触，个个兴高采烈。

我们乘着大巴车，不一会儿就到了目的地。这里绿树成荫，鸟语花香，鸟儿们叽叽喳喳地唱个不停，像是在欢迎我们。老师为我们介绍着各种鸟类的生活习性，我听得津津有味。

瞧，面前的这只大白鹅，也许是我们的到来打扰了它的清静，它不情愿地"嘎"地叫了一声，昂首阔步向我们走过来，如同将军一样显示着它的威严——这是它的地盘，绝不容外人侵犯！我听妈妈说过，乡村人家院子里大多养着鸡呀，鸭呀，鹅呀，真是羡慕乡村的孩子们，有这么多小动物陪伴一定是一件快乐的事！

前面围着好多同学，还能听到一阵阵惊叫声、欢笑声，我走近一看，被重重包围的原来是鹦鹉！这只鹦鹉羽毛呈

黄、蓝、绿三种颜色，油亮亮的像是穿了一件丝绒小袄。它一点儿也不怕人，正悠闲地用嘴巴梳理着羽毛。我们拿起旁边食盒里的瓜子喂鹦鹉，它倒是毫不客气地啄走了。我们还想让它学我们说话，左一声"你好"，右一声"你好"，连成了一片"你好"。可是，任凭我们使出浑身解数，它也一句话都不说。

听老师介绍，这里有很多鸟儿都是受伤之后被好心人送过来的，经过医护人员精心护理，它们痊愈后就在这里安了家。

吃完午饭后，我们参加了动手实践活动——为鸟儿制作一个家。我和小组成员经过讨论，给鸟儿设计了一个又舒适又美丽的家：有如茵的绿地，有鲜花朵朵，一个温暖舒适的窝。鸟儿可以在这里度过黑暗寒冷的夜晚，可以在这里幸福地生活……我想把绿色送给鸟儿，把蓝天白云送给鸟儿，把纯净的空气送给鸟儿，把温暖的家和关爱送给鸟儿！

写日记的策略

　　时间过得真快，转眼就到了离开的时刻，我恋恋不舍地和鸟儿们挥手告别。通过这次体验，我收获了一些鸟儿的知识，还深深感受到了鸟儿是我们人类的朋友。我们要爱护鸟儿，给鸟儿一个快乐的家园，让鸟儿可以自由地飞翔、欢快地歌唱！

　　这篇日记不光记录了鸟儿的外形和习性，还通过这样的参观体验活动，让"我"认识到：我们要爱护鸟儿，给鸟儿一个快乐的家园。这已经不再是单纯地记录生活，而是通过记录有了自己的思考和感悟。

大家写日记，一定会写自己喜爱的植物，今天我就跟大家讲讲怎样写好我们的植物朋友。

同学们可以买一盆植物放在家里，既能美化环境，又便于你的观察。比如，冬天到了，买一盆水仙放在家里，看看它到底哪天才能开花。在这一过程中，你可以写出许多篇日记。你看，有了好的日记素材，不要愁日记没有内容可写，关键是如何写好。

观察植物可以采用"看、摸、闻、尝"的办法，用眼睛看，用手摸，用鼻子闻，用嘴尝，但请大家千万注意，

写日记的策略

植物可不能随便尝，要在确保安全、卫生的情况下才可以。像滴水观音主要是供观赏用的，全株具有一定的毒性，就不能用嘴尝了。

写植物可以从这种植物最吸引我们的地方写起，比如，火棘最吸引我们的当然是它的果实了。仔细观察火棘之后，我们就可以先从它的果实写起。一位三年级的同学这样写道：

> 瞧，火棘的果实多么可爱！远远望去，鲜红一片。它的数量众多，宛如一群可爱的小仙女，有的在唱歌，有的在跳舞，有的在聊天儿……我走近几步，用手摸一摸，外表十分光滑，硬硬的，像一个个小鹅卵石。我用鼻子凑近它，闻一闻，一股清香扑鼻而来，多像刚洗过澡的小宝宝！它们挨挨挤挤地抱在一起，真像一个有许多兄弟姐妹的大家庭！

这位同学很会观察，她采用了从远到近的顺序观察：远远望去……我走近几步……我用鼻子凑近它……写出来的日记非常有条理。观察首先要有顺序，不要东一榔头西一棒槌，否则给人的感觉就杂乱无章了。

写果实，当然要写它的颜色和样子，关键要写出它的

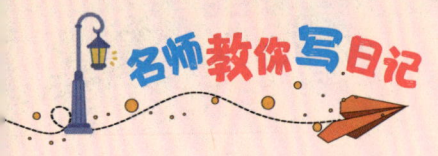

特点。火棘果实最大的特点是什么？多，挨挨挤挤的，连叶子都被它淹没了。这位同学很会联想，她把果实想象成仙女、小宝宝、兄弟姐妹，突出了果实的多。读了这样的日记，即使你没有看到火棘果，你的脑海中也一定会出现火棘果挂满枝头的画面。

另外，这位同学开头第一句就直奔果实而来：瞧，火棘的果实多么可爱！开门见山，先声夺人，一下子就将你的目光吸引到火棘果的果实上来。

同学们，一篇好的日记，不一定是面面俱到的，但一定是有突出重点的，这样才能给人留下深刻的印象。如果你将火棘的果实写具体了，这篇日记的重点就非常突出了。

火棘的枝干和叶子不需要像写果实这样浓墨重彩地来写，寥寥几笔，写出枝干和叶子的形状、颜色就可以了。

当然，观察植物，只用"看、摸、闻、尝"的办法还不够，还可以采用"查、问"的办法，在书上、网上查一查火棘的资料，向卖火棘的老板问一问火棘的相关知识，这样你对火棘的了解就更全面了。

我通过上网查找和向别人请教，还真得到了许多关于

写日记的策略

火棘的知识：

> 火棘名为"火把果""救军粮"，抗旱耐寒，是一种"春季看花，冬季观果"的植物。花期3月至5月，果期8月至11月。
>
> 火棘的根部、叶子、果实都可以入药。它的果实含有丰富的有机酸、蛋白质、氨基酸、维生素等多种营养，可鲜食，也可加工成各种饮料。
>
> 火棘的果酷似苹果又被称为"袖珍苹果""微果之王"。据说一颗珠子大小的红果其维生素C的含量相当于一个大苹果，是营养极高的保健型水果。
>
> 据说火棘中还含有抑制龋齿的活性物质，对人类防止蛀牙有积极意义，又是制作牙膏的优质原料。

在写日记的时候，没必要把这些有关火棘的知识全都写进去，只要选择你最感兴趣的一点来写就行了，要保证突出火棘的果实。

最后，再抒发一下对火棘的喜爱、赞美之情，一篇生动的介绍火棘的日记就写成啦！

同学们，刚才我以火棘为例，详细谈了怎样写好我们的植物朋友。写其他植物与写火棘是一样的，此方法可举一反三，是放之四海而皆准的。

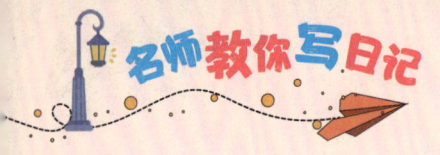

　　大千世界,植物丰富多彩,选择你喜欢的植物,去观察它,去了解它,去和它交朋友,它们一定会主动跑到你的日记中去的。不信,你照我说的话去试一试!

写日记的策略

家有吊兰

石 洋

6月5日　星期一　晴

　　我家有一盆吊兰，它长着许多狭长的绿叶，绿意葱茏。它还有一些长茎，每根茎上面会长出一棵新吊兰。

　　从外观上看，它只是一棵普普通通的绿草而已，但它却有着顽强的生命力。上周爸爸因为忙忘给它浇水了，那几天作业多我也没去看它。好不容易我想起去看它时，它已经枯黄了。妈妈发现后嫌弃它在这里影响美观，就把它扔了。我知道后，赶紧跑下楼去寻找它。功夫不负有心人，我终于在院子的角落找到了它。我小心翼翼地把它重新放入盆中，并且常去浇水看它。在我的精心照料下，它居然死而复生，并且变得生机勃勃了。

　　每次大吊兰长出新吊兰，我就把它们小心翼翼地裁剪下来送给朋友们。看着别人拿走自己的劳动成果，心里便有说不出的喜悦。我知道了真正的快乐在于给予而不是索取。

　　家有吊兰，我喜欢！

　　世界上的植物千千万万，它们的形态也千差万别，小作者则对吊兰情有独钟，写出了它的独特形态，通过吊兰的死而复生，赞美了它那顽强的生命力，并且小作者还写出了自己与人分享的快乐。

写日记的策略

迎春花

朱家莹

6月26日　星期一　晴

迎春花开，春来到。我认得那香味。每年春天，我靠它那幽幽的花香辨认它、发现它。

教室外的迎春花开始争吵谁最漂亮，我家门前的迎春花也已开始比赛，它们时不时发出沙沙沙的声响。

从远处看，迎春花一大丛一大丛的，极密实，那金灿灿的黄色直入我的眼，它们怒放着，如同正待秋收的稻田。

想想上周，门前的迎春花还是珍珠般的花骨朵儿，一眨眼就变成了一个个小绒球，仅仅五六天的工夫，它们就布满了整个枝条。走近它，枝条仿佛发丝一样优美可爱，像一个个长着翅膀的小小天使，在我眼前飞来飞去。我轻轻地抚摸着它上面的花瓣，感觉像在轻抚一个小女孩细嫩而光滑的皮肤。迎春花——最值得赞美的春的使者！

老师点评

小作者通过拟人、比喻手法的运用,让迎春花积极活泼的性格跃然纸上,让我们忍不住想:小作者就是一位喜爱春天的小姑娘!

第9讲

怎样写好你的第一次

今天，诸老师要悄悄告诉大家一个写日记的秘诀，那就是经常写你的第一次。

"第一次"是写日记的好帮手。人生有许多第一次，第一次之所以难忘，是因为它是新鲜的，犹如刚刚烘烤出来的面包带着香味。如果你抓住人生第一次的体验来写日记，一般都会写得具体、生动。我让儿子经常在日记中写他的"第一次"，他觉得有很多内容可以写，而且并不难。

我儿子的日记中有许多篇"第一次"，比如《第一次坐火车》《第一次坐飞机》《第一次拿到稿费》《第一次创作书法作品》《第一次办存折》等，就比其他日记写得顺畅，写得真切。

在这篇《第一次创作书法作品》的日记中，我儿子是这样写的：

> 下午，我在家练毛笔字。因为学校要举行迎百年校庆书画作品展览，老师问我们谁想写毛笔字时，我自告奋勇地举手了。
>
> 我已经好久不练毛笔字了，字写得不如以前，现在我写出的字自己看了心里痒痒的，怪难受的。可爸爸却说："写得不错，毕竟很长时间没写过毛笔字了，能写出这样的字已经很好了。"可我心里很纳闷儿，这么丑的字也算好，爸爸是不是眼花了，忙问："这种字也算好，这不是笑话吗？"爸爸说："你不要急于求成，我小时候要能写出这样的字就很满意了。"爸爸这样说，让我难以再开口。
>
> 我在报纸上练了一遍又一遍，一张比一张好，我准备在宣纸上正式创作书法作品了。爸爸给我讲作品的格式，我写的字是"百年树人"四个字。爸爸帮我裁好纸，并折好格子，告诉我哪些字该写大，哪些字该写小，说得一清二楚，我都有点儿嫌烦了。

写日记的策略

> 我开始动笔了，刚写了第一个字"百"的一横，墨汁就散得很快，化作了一团，我很吃惊。爸爸说："宣纸就是这个特点，所以不能描字。"我写的第一张奇差无比。我刚要动笔写第二张时，爸爸说："别动，我来写一张。"爸爸写的字真好。
>
> 我看了爸爸写的字，领悟了不少，我在第三张上写的字大有进步，第四张就更不错了。我准备把这两张都带到学校让老师选一张。
>
> 创作一幅完美的书法作品真难哪！

这篇日记写得不错，不仅写出了感情，还写出了创作书法作品过程中微妙的心理变化。日记不是瞎编，而是真实的体验和感受。

同学们，我还是拿著名作家肖复兴的儿子肖铁举例子。肖铁也写过许多他的第一次，比如有一篇叫《第一次吃椰子》，其中有三段是这样写的：

> 我问爸爸："它皮这么硬怎么吃呀？"爸爸说："说真的，我和你妈也是第一次吃椰子。所以我也不知道怎么吃。大家出出主意吧！"怎么吃呢？我想得先打个洞，再把里面的水倒出来就可以了。妈

妈却说:"你先把它身上的椰毛刮掉。"我以为椰毛很软,一定很好刮。没想到椰毛硬得扎人,椰毛和皮连得也很紧,真难刮!

椰毛好容易刮干净了,妈妈刚要拿锤子,我抱过来说:"我打洞。"可它的皮太硬了,我怎么凿也凿不动。妈妈帮我狠劲凿,刚凿了一个小洞,我马上抱过椰子,双手举起,仰起头张开嘴去喝,汁没出来,一根椰毛先掉到了我的嘴里……

椰汁真凉,有一股说不出的清香一下子跑到我的心里。喝完椰汁,我拿锤子把椰壳砸开,一层乳白色的椰肉露出来,像一层雪。我掰开一块椰肉,怎么也吃不出商店里卖的椰丝味。爸爸说:"椰丝是椰肉晾干后做成的,你想吃可以试试!"我立刻拿起椰肉跑到阳台上去晾,真想一下子把它变成椰丝。爸爸妈妈都笑我性子太急了……

肖铁写出了第一次的独特性。写出第一次感受的独特性是成败的关键。因为独特性看不见摸不着,只可意会不可言传。可能你会说第一次的感受确实与众不同,但又说不出如何与众不同,或者一两句话就简单写完了。

关键是要写具体,所有的独特性都融于具体性之中。

写日记的策略

抽象地谈独特性，往往无所适从。比如肖铁写凿开椰壳喝椰汁时，汁没出来，一根椰毛先掉进嘴里。喝椰汁写得具体了，独特性从一根椰毛中就充分表现出来了。

再比如吃椰肉，他不仅写了椰肉是什么颜色，吃的时候是什么滋味，还写了这样一个细节："我立刻拿起椰肉跑到阳台上去晾，真想一下子把它变成椰丝。爸爸妈妈都笑我性子太急了……"如果没有写拿着椰肉性急地跑到阳台上去晾这个天真的细节，这一段吃椰肉便写得一般化了。所以说，通过细节写具体是关键。

同学们，写日记千万不要轻易放过你人生中难得的第一次，拿起笔来，写你的第一次，写出你与众不同的感受，就是精彩的日记！

第一次见到大记者

周英凯

9月19日　星期二　晴

早就想见到大记者,今天一个杂志的大记者真的来到了小记者班,班里沸腾了。我们亲切地称他张老师。

张老师非常年轻,满脸洋溢着笑容,一开始就把我们逗乐了:"哈哈,今天是小记者给大记者出难题呢!"

张老师首先写了"狗、鹰、豹"三个字,同学们都纳闷儿起来,怎么,小记者与"狗、鹰、豹"三个动物有什么关系呢?我们一个个你看看我,我看看你,真搞不清怎么回事,只得把目光投向张老师,等着他来揭开这个谜底。张老师笑了:"怎么样,小记者怎么跟'狗、鹰、豹'联系起来呢?大家想,狗的鼻子很灵敏,就是说小记者需要灵敏的反应能力;鹰的眼睛很锐利,就是说小记者——"

"小记者的判断分析能力像鹰的眼睛一样锐利无比!"一个同学插话了。

"对,"张老师点点头,"豹子的速度很快,就是要求——"

写日记的策略

"我们要非常迅速、及时地完成任务。"同学们七嘴八舌地喊起来。

接下来的传话游戏更有意思。张老师让一个同学看好一句话,然后依次往下传,传了六个同学,最后第七个同学上台说:"我听到的是——公鸡下的蛋!"同学们哄堂大笑,有的捂着肚子,有的笑得流出了眼泪,还有的笑得说不出话来。

第一个同学告诉我们,他看到的字是"一个红色的鸡蛋",我们笑得更开心了。

张老师看着我们说："为什么会出现差错呢？可能没听清，也可能传错了，这样意思就明显不一样，很多时候会闹笑话的。作为一个小记者应当做到眼见为实，耳听为虚，不要捕风捉影，道听途说。"

我明白了当记者真不容易呀！

大记者走了，但是他说的那些话我牢牢地记在心里，我一定努力，做个合格的小记者。

每个人都有过很多的第一次，哪一次最让你记忆深刻呢？记忆深刻的事情一定是连细节都不会忘的，所以，把难忘的第一次写具体写生动其实并不难。把你反复回忆的细节拿出来展示给大家，就是一篇非常好的日记。

写日记的策略

第一次走夜路

徐逸舟

9月26日　星期二　晴转雨

　　以前，都是爸爸接我回家的。可是今天放学很晚，爸爸又出差了，妈妈也要去上课，所以把钥匙给了我，让我自己回家。晚饭嘛，妈妈早准备好了，只要放在微波炉里热一下就行了。

　　走出少年宫，我先和同学一起走，走过第一个十字路口，我们就分开了。我一个人慢慢地走着，死死盯着身边的树木，生怕有一个彪形大汉把我抓去当人质，向爸爸妈妈勒索钱财。

　　忽然，我听到后面有动静，不禁心跳加快，猛地转过身去，大喝道："何方妖孽？"原来是一只塑料袋被风吹起来了。真是虚惊一场！

　　我继续向前走，只觉得前方草木皆兵，腿开始发抖，而且抖得越来越厉害，连牙齿也打起颤来。唉，谁让我属老鼠呢，胆小如鼠！

走过永福桥,已经胜利在望了,可是天公偏偏不作美,下起雨来了。我只好头顶书包,向家里发起最后的冲刺。我以最快的速度,终于冲进了永福花园,冲进了楼梯,并一口气跑上了六楼,走进了家门。关好门,我一下瘫倒在地上,好一会儿才缓过来。

刚把饭菜在微波炉里热好,妈妈就回来了。我一五一十地把事情的经过告诉了她,妈妈高兴地拍拍我的头,说:"好儿子,不错,继续努力!"

《第一次走夜路》绝对让人难忘,因为那种草木皆兵的恐惧只有经历过的人才知道。小作者的心理描写、动作描写生动传神地表达出了第一次走夜路的害怕,读来令人感同身受。

第10讲

读书日记：读万卷书

　　唐代诗人杜甫有诗云："读书破万卷，下笔如有神。"阅读与写作的关系非常密切。阅读是什么？是吸收。如同每天吃饭吸收营养一样，阅读就是吸收精神养分。写作是什么？表达。把脑子里的东西拿出来，让人家知道，可以用嘴说，也可以用笔写。阅读和写作，吸收和表达，一个是进，从外到内；一个是出，从内到外。

　　阅读与写作相得益彰，我们在读书的过程中，积累了词汇，丰富了知识，开阔了视野，还学会了很多表达技巧，感受到了丰富多彩的情感。自己的心灵在成长中

逐渐丰满，语言能力在不断提高，许多人就会产生表达的欲望，产生一种写作的冲动，在这种状态下写作，会写出自己的真实情感，而且文思往往也会很流畅。

我与儿子一起读书，一起就书中的内容进行交流，并要求儿子选择他感兴趣的书籍写一写读后感。儿子的日记中有许多篇读后感，这是他大量阅读后留下的痕迹。

比如，儿子读了《夏洛的网》，深受感动，写下了这样一篇读后感：

> 这是一本足以令世界上所有人都感动的书。它是一首关于生命、友情、爱与忠诚的赞歌；是一部傲居"美国最伟大的十部儿童文学名著"前列的书；是风行世界50年、发行千万册的书；是一部在网上书店获得五颗星终极评价的书。它是什么书？那就是——《夏洛的网》。作者是曾经写过《精灵鼠小弟》的E·B·怀特，由任溶溶翻译。
>
> 这是一本童话书，书中主要讲了一头猪和一只蜘蛛的故事。小猪威尔伯被一个富有爱心的小女孩弗恩养大。在饲养场里，又遇到了蜘

写日记的策略

  蛛夏洛·阿·卡瓦蒂卡，这只富有助人之心的蜘蛛，帮助小猪威尔伯摆脱成为烟熏火腿的命运，反而让他变成了世界瞩目的大明星，夏洛用的办法是织出令人崇尚的网上文字，而夏洛织完最后一张网的时候，它也走到了生命的尽头。这是多么令人感动的故事啊！我读完后泪流满面，忠诚、爱、友情的组合曲，在我的灵魂深处悄悄地回响。

  现在，我对于每一只蜘蛛都心怀爱心，也许它就是夏洛……

  同学们，你读的每一本书不必都写读后感，要写读后感的书一定是对你有深深的触动，这样你才会写出真情实感。

  写读后感的方式多种多样，你还可以就书中的某个你感兴趣的人物发表评论。我带领学生读我国四大古典名著，一位同学读完《三国演义》后，选择了关羽这个人物做评论，她这样写道：

关羽是一位战神。董卓称霸时,曾派华雄对抗袁绍。许多大将出战,都被华雄斩于马下。而关羽,当时还是一个小小的马夫,名不见经传,却只用了极短的时间就将华雄斩首。关羽温酒斩华雄,成就了一段传奇,从此,关羽威震天下。

关羽特别讲义气,他是忠义的化身。关羽身在曹营心在汉。曹操多次送礼物给关羽,但他拒不接受。后来,曹操送他赤兔马,关羽特别高兴,给曹操一连拜了三拜,曹操感到十分惊讶。原来,关羽考虑骑着赤兔马可以快点儿见到刘备。

有一天,曹操看到关羽的战袍旧了,便给他用最好的布料做了件新战袍。关羽收下了,但他只把这件新战袍当内衣穿在里面,外面还是穿着旧战袍。曹操这才明白,旧战袍是刘备送的,关羽穿着它仿佛刘备就在身边。曹操不禁感叹:"这真是义士啊!"

关羽打探到刘备的消息,便快马加鞭,直奔刘备而去。有人阻挡,挥刀便杀。过五关斩六将,简直就是个神人。

关羽最后以悲剧收场,让人扼腕叹息。他大意失荆州,败走麦城,被吴国大将朱然活捉,但他不愿降吴,最终被孙权处死。一代忠义英雄悲情落幕。

写日记的策略

读书，对于成长的重要性不言而喻。如果一个人热爱读书，那么他会从书本中得到心灵的慰藉，找到生活的榜样。

我儿子写日记写到五年级时，学习负担重了，有点儿坚持不下去了。我推荐他读了林海音的《城南旧事》，他在读后感的结尾写道：

> 读完《城南旧事》，有两句话我是不会忘记的，"把它们写下来吧，让实际的童年过去，心灵的童年永存""有什么困难的事，只要硬着头皮去做，就会闯过去了"。

第一句话让儿子明白了写日记是为了让心灵的童年永存，第二句话让儿子明白了"世上无难事，只要肯登攀"的道理。读书，就是吸收精神的营养啊！

同学们，其实，不论中外，从古到今，"书卷气"都是一种迷人的优雅。我衷心地希望大家多读书、读好书、好读书，并在日记中写一写你读书的感受，评一评书中的人物，让读书成为你的生活方式。

乘着勇敢和正义的翅膀
——《校园小超人》读后感

肖硕磊

4月12日　星期三　晴

读一本好书，能让我们飞到一个绚丽神奇的世界。两色风景所著的《校园小超人》让我乘着勇敢和正义的翅膀看到了不一样的风景。

在这本书中，我最喜欢的角色就是毛卡卡。毛卡卡是老师眼中的淘气包，是学生们眼中最勇敢的人，更是一个活泼开朗、有丰富想象力的人。

在"飞檐走壁"这一节中，只有毛卡卡一个人敢进黑黑的山洞。果然功夫不负有心人，那个山洞里有一块从外星来的陨石，毛卡卡因此有了可以飞檐走壁的超能力。

毛卡卡不仅勇敢，而且特别有正义感。有一次毛卡卡好心去抓贼，没想到贼却"贼喊抓贼"，把毛卡卡说成了贼。警察一路追到一家起火的幼儿园，但幼儿园里还有一个小朋友没有出来。毛卡卡用自己的轻功救出了那个小朋友，

可自己却受了伤。

　　毛卡卡不仅是天马学校的明星人物，也是天马小镇的小英雄。他有着一股不服输的劲儿，为了打败天马学校的篮球明星，他可以克服各种困难，比谁都起得早；工厂起火，他脑洞大开，带领大家跳起广播操，呼风唤雨扑灭大火；他还能救死扶伤，和癌症病人"换病"，和盲人"换光明"。

　　我知道变得和毛卡卡一样有超能力是不可能的，但我可以向毛卡卡学习，乘着勇敢、正义的双翅，做一个正能量满满的人。

　　　　这是一篇简短的读书日记，小作者选取了他最感兴趣的书中人物——毛卡卡，通过毛卡卡身上勇敢、不服输的劲头，联想到自己，表示自己要做一个正能量满满的人。读书日记不必面面俱到，哪怕只是感动自己的一个点都可以记录下来。

唤醒心中沉睡的"善"

孙熙晨

9月19日　星期二　晴

翻开《小王子》这本书，我看到遥远星球上的小王子与美丽而骄傲的玫瑰吵架后负气出走。在各个星球的漫游中，小王子遇到了傲慢的国王、唯利是图的商人、死守教条的地理学家，他来到地球上试图找到治愈孤独和痛苦的良方。这时，他遇到一只狐狸，于是奇妙的事情发生了……

故事没有华丽的语言，就像姥姥在我耳边讲故事一样，轻声细语，娓娓道来，但细细地品味之后又觉得其中蕴含了很多的道理，值得慢慢咀嚼回味。

"重要的东西是看不见的，要用心去体会……"狐狸的话让我有了很大的感触。的确如此，那些重要的东西只用眼睛看，是很难发现的。比如友情、亲情，只有用心感受，才能体会到它的美好。小王子唤醒了人们心中沉睡的"善"，带领我们去发现生活中的美，感受真情，也改变了我对亲人的态度。以前的我在家里是"小皇帝"，大家都宠着我，渐渐养成了我任性霸道、爱撒娇的毛病。有一天，我想吃

姥姥做的小炸肉，姥姥却说改天做。那怎么能行呢。我哭着喊着就要吃，姥姥只好叹了一口气去做。妈妈刚好回家看到，心疼地说："您病了就该好好休息，怎么又干活儿呢？"姥姥病了？咦，她怎么没说呢？晚饭吃着香酥可口的小炸肉，我的心里却是五味杂陈。"重要的东西是看不见的，要用心去体会……"小王子的话在我耳边一遍遍响起。是啊，姥姥病着还给我做喜欢吃的饭菜，静下心来用心体会，这样的亲情多么伟大、珍贵和美好，而我却因为天天沉浸其中而熟视无睹。

　　细细想来，原来是我内心的"善"睡着了，小王子帮我轻轻地唤醒了它，引导我用心去感受身边每一位亲人深切的爱。现在的我不再任性，学习空余时间帮助姥姥做很多力所能及的家务，时常给她捶背，陪她聊天儿。我要感谢《小王子》这本书！

　　作者原来是个霸道又淘气的孩子，通过阅读《小王子》这本书，唤醒了小作者内心的"善"。阅读是一件多么美好而有意义的事啊！阅读不仅可以丰富知识，还能帮助我们成为更好的自己。

第11讲

旅游日记：行万里路

"读万卷书，行万里路。"这是我们耳熟能详的名言。"读万卷书"讲的是多读书，增长知识，"行万里路"讲的是多游历，开拓视野，这是获得知识必不可少的两个方面。"行万里路"跟"读万卷书"是互补的，读书是静态的，行路是动态的。

"行万里路"是在实践中学习。李时珍、徐霞客、马可·波罗、达尔文、哥伦布都是靠"行路"写出了宏伟巨著或取得重大发现。

写日记的策略

"行万里路"就是"长见识"。一到暑假,我都要带儿子外出旅游,在大自然中放飞心灵。白天旅游,晚上写日记,这成了儿子的习惯。他的日记中有大量的旅游日记,每一篇都写得洋洋洒洒,不少篇超过一千字。因为儿子有了切身的旅游体验,日记中才有话可写。

这让我想起了一个童话故事《5月35日》。主人公康拉德要写一篇南太平洋的作文,可是他从来没去过,怎么办呢?于是他找到一匹黑马,跟着黑马钻进了一个衣柜,穿越到南太平洋。果然,穿越回来后,一篇长长的、文采斐然的作文就完成啦。

比如,儿子上三年级的时候,我带他去爬长城,回到旅馆,他就写出了一篇《不到长城非好汉》的日记:

> 今天,我们来到了我早已想去的长城。
> 我坐在车上看见长城像一条长龙。导游阿姨说:"这里有两条长城,一条是八达岭长城,一条是居庸关长城。八达岭长城长,但是不陡,适合老年人爬。

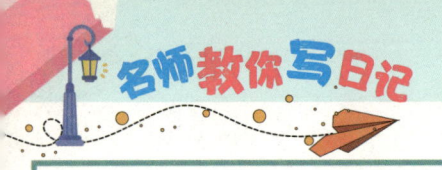

居庸关长城是最高的，而且非常陡，适合好汉爬。"我想：这次来到长城要玩得痛快，居庸关是好汉爬的，我要做好汉。

我来到登城口，看见人很多。我不管三七二十一就冲了上去，瞬间把爸爸妈妈甩在后面了。不一会儿，我们爬到了一个城台，爸爸说："休息一会儿再爬吧。"我说："不到长城非好汉，才爬了这么一会儿就累了？"经爸爸妈妈再三要求，我才停了下来，喝了一口水，又继续往上爬。不一会儿，我们来到"好汉坡"，我叫爸爸给我拍照，爸爸叫我站在城台前面，取出照相机，咔嚓一声，拍下了一张珍贵的照片。我们接着往上爬，终于登上了长城顶。

我看见许多人用石头在城墙上刻名字，可能是让别人看见是谁登上长城顶了。我也想刻一个，但爸爸说："在古建筑上刻字是对古建筑的伤害。"我懂了，不再要求刻字。

我们下长城时，妈妈说："上山容易，下山难，你要小心一点儿。"我照着妈妈的话去做，小心地用手扶着栏杆慢慢地走下去。

我觉得这次爬长城，心里非常痛快。

写日记的策略

　　有一年暑假,儿子和他妈妈去新疆旅游,我因为学校有事没有去成。他每天写一篇旅游日记,配上照片,通过网络发给我,弥补了我没有去成新疆的遗憾。儿子在日记中这样写葡萄沟:

> 　　来到葡萄沟,放眼望去,真是"接天藤叶无穷碧,映日葡萄别样绿"。
> 　　只见这里的葡萄架都不高,一排排很整齐,就像一队等待检阅的士兵。架下的葡萄真多,一串连一串,每串可能有四五斤。我在一串葡萄上顺手摘了一颗绿绿的大葡萄,叔叔说过新疆的葡萄是不需要用水洗着吃的,摘下来就可以吃了。我把葡萄扔进嘴里,呀!真甜!我一路走,一路吃,最后嗓子不知怎么有点儿难受。妈妈说那是因为葡萄太甜了,我吃的又太多了、太急了,嗓子就有点儿不舒服了。
> 　　可没过一会儿,我又忍不住开始吃葡萄了。我在葡萄架下钻来钻去,找最大的葡萄串摘下来,我想:天池水我没办法带给爸爸喝,这么好吃的葡萄怎么也得带点儿回去给爸爸尝尝吧!叔叔在车上叫我们回去了。路上,叔叔让我们把摘下的这些葡萄带回

> 去吃掉，还说，我们回南京时帮我们重新摘葡萄，我一听，太高兴了，今晚又可以美美地吃一次了。
>
> 　　新疆的葡萄真是好吃得无法形容，让我永远也忘不了。

　　同学们，旅游不是纯粹的游玩。旅游前要大量读书，比如我们到成都旅游，除了阅读三国相关的历史书，我还特别推荐了许多作家写成都的游记给儿子阅读。只有事前做足了功课，旅游中才会有更多的收获。游成都名胜——武侯祠时，儿子提出一个疑问："这儿明明是刘备庙，为什么人们都说是武侯祠？"我给儿子讲了一个故事：朱椿是朱元璋的第十一子，与刘备同属帝室之后，自然与刘备很有感情。有一年，他以蜀藩王的身份来成都，见武侯祠香火旺盛，百姓纷至沓来，而刘备庙却门庭冷落，便以武侯祠逼近刘备墓，不合"君臣一体"的礼制为由，下令废武侯祠。然而，谁知老百姓并不买账，反而把改建后的刘备庙称作武侯祠。刘备庙陷入了更尴尬的境地，这实在是朱椿始料不及的。此后，武侯祠又几度毁建，它门上的匾额也曾几度易名，但在老百姓的口中始终不变，一直称"武侯祠"。这是诸葛亮在老百姓心中的口碑！儿子听后点点头，一副若有所悟的样子，这些旅游中的经历，他都写在了日记中。

　　同学们，我建议大家利用寒、暑假外出旅游，并坚持写旅游日记。风景，其实就是一座书院。旅行，也可以是一种很好的学习方式。

醉西湖

李唐子木

7月19日　星期三　小雨

乌云至，雨珠落。这雨珠属于江南，属于水乡，带有江南水乡之韵：轻轻的、柔柔的，似雾非雾，似雨非雨，只见其弥漫于天地之间，朦朦胧胧，并不真切。那似雾又似雨的轻柔帘子，总让人想缓缓揭开，身临雨雾中寻觅绝世佳境。

天尚早，湖岸的霓虹灯还亮着。近处，透过雨雾，目睹从远处送来的几缕朱红、淡黄、碧绿的色泽；远处之景，则如云中之星，朦胧缥缈，斑驳陆离。

此般的西湖，便得了几分醉意。朦朦胧胧，绰绰约约，如梦似幻，不正如那淡妆浓抹的西子吗？

天，渐渐放亮；雨，渐渐淡去。湖面上那层薄薄的雾也渐渐变轻，缓缓隐去。蓦地，羞涩地藏于薄纱之后的那张精致的脸露了出来——那便是苏东坡笔下的望湖楼了。向望湖楼行去，薄雾还未散尽，轻柔地贴在湖面，随风飘游。一路上欣赏湖光山色，心旷神怡。走了许久，蓦然回首，

所行之路已有 500 米之长。我席地而坐片刻,只见若干水滴轻轻落入湖中,清波荡漾。原来,天上再次下起了淅淅沥沥的小雨。继续前行,我来到一处观景台,在细雨中静看荷花。时值仲夏,在那翩翩浓绿的叶间,尽是荷花。

　　我在岸边静静伫立,静静观赏。朦朦胧胧间,我仿佛也像这如梦似幻的醉西湖般,渐渐地醉去……

　　　日记不长,却是别有一番风味,让人读起来也是如痴如醉。好优美的一篇《醉西湖》!

雄奇险峻剑门关

林雪俪

8月9日　星期三　晴

"剑阁峥嵘而崔嵬，一夫当关，万夫莫开。"这就是雄奇险峻的剑门关。今天，我和爸爸妈妈一起感受了这座天下第一雄关的魅力。

从关楼上向两侧望，山向中间挤过来，不留一点儿缝隙。这险峻的地貌让人赞叹不已，果然是易守难攻的要害之地。关楼是三国时期诸葛亮所建，后来蜀国大将姜维在这里防守，用三万人马就使魏国十万大军无法进入，是我国历史上唯一一个从未被正面攻破的关隘。在关楼脚下，长满青翠的树木，有一条溪流从旁边流过。此处山势险峻，水流湍急，只见溪水打着旋，在石缝中聚集，又立刻向谷底流去，在两侧岩石上溅起朵朵雪白的浪花。

我们走过陡峭的天梯峡栈道，来到鸟道。鸟道这个名字来源于李白《蜀道难》中的"西当太白有鸟道，可以横绝峨眉巅"。从鸟道向上望，峰峦拔地而起，如斧劈刀削般令人生畏，嶙峋的山壁连绵不断，鸟道就像山间的一条

写日记的策略

细线。最初,道路还可以两人并排勉强而行,渐渐地,路越来越狭窄,也越来越险了,最窄的地方只容一人侧身而过。继续前行,有一个地方令人极度恐惧,小路崎岖不平,非常狭窄,下方又是万丈悬崖,看一眼就足以让人心惊胆战。我只能像猴子一样四肢着地爬过去,紧抓锁链,腿脚用力,缓缓挪动。在最窄的地方,有一块凸起的岩石挡住了道路,需要侧着身,抓紧锁链,勉勉强强挤过去。在身体擦着山石挪动时,我感觉石头挤着我的身体,似乎要把我推下去,不由得战战兢兢地停了下来。爸爸在后面一个劲儿地给我加油:"手要抓紧,眼睛往前看,慢慢走!"我也暗暗地给自己打气,闭上眼,舒缓了一下紧张的心情,手上加一把力,努力往前移动。终于,我们顺利爬完鸟道,沿着石板铺的小路继续前进。

通向山顶的小路两侧种满松树，苍翠的森林，凉爽的山风，清脆的鸟鸣，让人心旷神怡，刚才攀爬鸟道的紧张和疲劳一扫而空，我觉得身上又充满了力量，脚下生风，和爸爸妈妈说说笑笑，很快就来到了山顶观景平台。这个平台是一座悬空玻璃桥，视野开阔，可以俯瞰整个剑门关。我向四周眺望，南面犹如一条横卧的巨龙；而另一侧，就是悬崖峭壁，刀劈一样垂直陡立，壮观无比，不愧为"天下雄关"。

爬山的路途艰险，对我来说真是一场挑战，但我没有放弃，而是克服了心理的紧张和攀爬的疲惫，最终成功登顶，饱览了雄奇险峻的剑门关。

老师点评

这可真是一场惊险又刺激的挑战哪！这篇旅行日记，包含了对优美风景的描写、丰富的历史知识和"我们"一家披荆斩棘的登山过程。这已经不是随手记那么简单了，应该是日记的进阶版，查阅资料、遣词造句……有能力的同学可以向着这样的目标迈进了！

我给大家讲一件好玩儿的事。那是儿子上二年级的时候，有一天，他跑到我办公室，对我说："爸爸，我的日记可不可以写诗？"我说："当然可以！"他很兴奋，原来他认为诗字数少，容易写。但没想到诗确实是字数少，但并不好写。

我儿子有一段时间对写诗特别有兴趣。他的日记中专门有一章，全部是他写的诗。

有现代诗，比如《可怕的影子》：

人人都有一个影子，
这可是一个可怕的影子。
白天，在阳光下，
这个影子缩得很小很小，
就像一条可怕的毛毛虫，
在你的身旁走动，
一直不肯离去。
这会令你不安，
浑身起鸡皮疙瘩。
晚上，在灯光下，
影子变得又高又大，
一直围在你的身边，
像图财害命的强盗。
影子，尤其是晚上的影子，
真是一个令我害怕的影子。

有古诗，比如《运河》：

遥望运河似绸带，从北至南银光闪。
能工巧匠造奇迹，留得佳话传万年。

写日记的策略

还有词呢,比如《卜算子·咏菊》:

> 天寒北风吹,万木几乎枯。
> 已是深秋黄叶飞,唯菊迎金秋。
> 细茎插土中,能顶西北风。
> 含苞待放受风霜,依然露笑容。

我没有刻意指导过儿子写诗,但他就是喜欢写。有人说"儿童是天生的诗人",这句话很有道理,儿童的诗歌灵性来自春风吹开的花瓣、蝴蝶翅膀扇起的风、蛙声里清凉的月光,以及带着花香的蜜蜂……

写诗,可以激活想象力、培养创造力;写诗,可以训练表达能力、学习描写、提高感悟力;写诗,可以陶冶性情、体味生活、学会抒写心灵。

写诗可以分三步走:

第一步:赏读。"熟读唐诗三百首,不会作诗也会吟。"首先要大量读诗、背诗。我与儿子一起每天坚持背诵一首古诗词,古诗词背多了,他便开始了自己的诗歌创作。他的处女作是我们一家人游黄山归来的路上创作的《登黄山》:"清晨太阳照山头,徒步迎溪登黄山。山上景色美

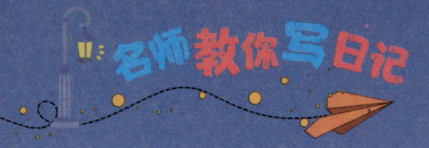

如画，俯瞰大地腿发颤。"诗写完后我给了他极大的鼓励。于是，他更来劲了，小学六年写了三四十首诗词。

第二步：仿写。宋代诗人朱熹说："古人作文作诗，多是模仿前人而作之。盖学之既久，自然纯熟。"可见，古人把模仿范文作为最初作诗的方法，他们先作"依样画葫芦"的"葫芦"，然后逐步"师其神，不师其貌"，最终由模仿走向创造。我儿子读了儿童诗《假如》，模仿写出了《假如我有一支神笔》《假如我会变身术》《假如我有一根魔法棒》等一系列诗歌。

第三步：创作。生活是童诗创作最肥沃的土壤，童诗的题材是最为广泛、自由的，上至日月星辰、风霜雨雪，下至鸟兽虫鱼、花草木石，不论有生命还是没有生命，有形还是无形，具体还是抽象，都可以入诗。我有意识地引导儿子到生活中去，到大自然中去，去捕捉虽然细微却让人感受深刻的事物和现象，如早春河岸边的芦苇、夏日清风中的荷塘、蜻蜓翅膀上的纹路、蚕豆叶柄上的小耳朵……这一切都能激起他神奇的想象。

比如，他创作的童诗《可爱的莱福》，莱福是他非常喜欢的一条小狗的名字：

写日记的策略

> 莱福啊！你真笨。
> 夏天，还穿着黑色毛绒大衣。
> 莱福啊！你真富有。
> 那珍珠般的眼睛，是神仙赐给你的吗？
> 莱福啊！你真英俊。
> 戴着小领带，挂着小铃铛。
> 莱福啊！你真潇洒。
> 翘着小尾巴，走路雄赳赳。
> 莱福啊！你真……

你瞧，一个孩子眼中的小黑狗的可爱形象跃然纸上，活灵活现，惹人喜爱！

每个人都可以成为诗人，你有着无限的想象，有着美好的向往，有着灵动的语言，以及独特的表达。请你拿起笔，写下属于你自己的美丽诗篇。

诗歌分享

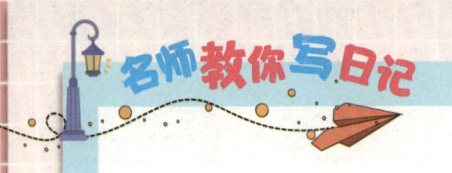

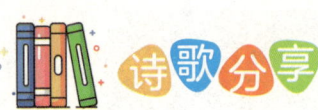

月亮薯片

陈佳宁

9月15日　星期五　晴

你看那天空大厨，
正在炸金黄的月亮薯片。
溅起星星点点的油花，
再撒上玫瑰色的云雾糖霜，
香气在夜里弥漫开来。
咬一口，
嘎嘣脆的月亮薯片；
踮着脚，
躲在树梢吃不完的月亮薯片；
连路灯也想尝尝。

写日记的策略

菜园狂欢派对

林文泽

8月3日　星期四　晴

哗啦啦，
下雨了！
黄瓜挥动着指挥棒，
菜园里的狂欢派对开始了！
萝卜唱响了欢快的歌曲，
白菜摆动着动人的舞姿。
篱笆上的牵牛花，
吹响了紫色的小喇叭。
含羞草害羞地低下了头。
小雨点是杰出的钢琴手，
到处都是它跳动的音符。
雨停了，
菜园的狂欢结束了。

诗二首

周麟轩

8月28日　星期一　晴

打　嗝

吃午饭的时候，
我一不小心，
吃进一只青蛙。
它在我喉咙里，
嗝——嗝——嗝，
肯定憋坏了。

小蝌蚪

车窗玻璃上，
有好多小水珠。
车一启动，
它们都长出了小尾巴，
变成了蝌蚪，
朝着同一个方向飞奔去。
我想：
它们一定是，
看到了亲爱的妈妈。

写日记的策略

老师点评

　　这四首小诗都有一个共同的特点，那就是想象力极其丰富。第一首把月亮比作薯片；第二首下雨的天气里，小雨点就像一个个音符，菜园里的各种菜也狂欢起来；第三首，生活中普通的一个打嗝，却让小作者想象是吃进一只青蛙；第四首把车窗上的小水珠想象成了小蝌蚪……可爱的孩子们，你们可真是富有想象力的创意家！

诗歌分享

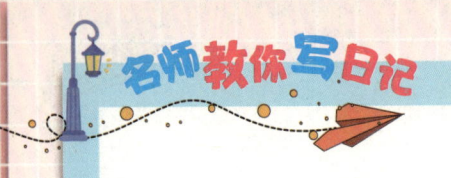

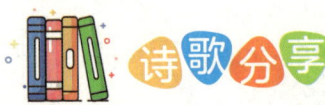

采访四季

杜雨穆

9月3日　星期日　晴

我有一个很大的梦想，
想去采访四季。

我要问春姑娘：
这些万紫千红的花，
为什么如此漂亮？
这小草跳动的舞姿，
为何如此动人？
这些挺拔的大树，
为何摇曳着身姿呼呼作响？

我要问夏伯伯：
这流淌的小河，

写日记的策略

为什么比小孩子还欢乐？
这香甜的冰激凌，
为什么比蛋糕还好吃？
这炙热的太阳，
为什么比火炉还神气光亮？

我要问秋奶奶：
那片落叶飘落是否漂亮？
那缕缕轻风是否清爽？
我的家乡是否秋色怡人天下无双？

我要问冬宝宝：
孩子们是否可以扑在洁白的雪上？
这松针结的冰是否像花儿一样？
这烤红薯是否非常甜香？

我想说：
这将是我最棒的采访，
这是每一个孩子的梦想。

老师点评

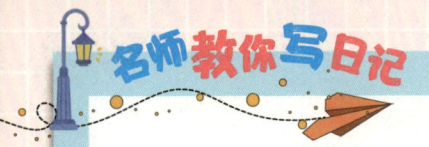

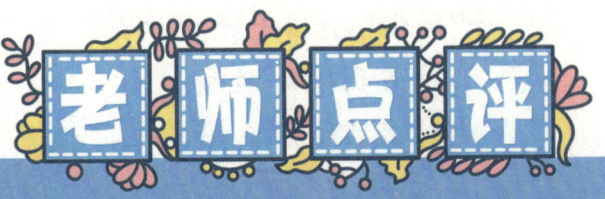

每一个孩子都有梦想，采访四季的童年时光让我们回到了那天真烂漫的年代，心中的十万个为什么伴随着我们成长。姹紫嫣红、郁郁葱葱、瓜果飘香、白雪飞舞，哪一个不是我们欢乐的天堂。点赞你的最棒采访，因为，你道出了所有孩童的梦想！

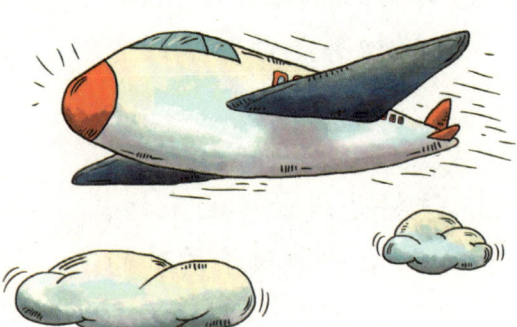

坚持写日记的秘诀

　　我想问你一个问题：写日记最难的是什么？对了！写日记最难的是坚持。

　　写一篇日记或者连续写一周、一个月，甚至一个学期的日记，并不算困难的事。但是，如果年复一年地坚持写日记，那就不是一件容易做到的事了。

　　可能你要问：诸老师，有没有什么好办法能让我坚持每天写日记呢？我要告诉大家三个秘诀。第一个秘诀——公开分享。

　　日记的方式是多种多样的。可以是私密的，也可以是

坚持写日记的秘诀

公开的。两者各有各的优势。私密的日记可以记录得更为真实，那些不愿让旁人看到的事情都能被一一记下，使得整个记录更为完整。而公开的日记则有利于与他人分享和交流，可以享受到双倍乃至多倍的欢乐，更可以通过他人的监督和帮助，让你坚持每天写日记。

还记得前面讲过的曾国藩吗？他将每天写好的日记拿给师长、朋友、亲人看，目的就是让他们监督自己。

所以，我建议大家公开自己愿意与他人分享的日记，在分享中获得坚持的力量。

大家都有这样的体验：如果你写的哪篇作文被老师当作范文朗读，你会高兴上好几天，你一定会想下次要写出更好的作文。这就是分享的力量，在分享中被肯定，在分享中被激励。写作的本质就是分享，有分享就会有互动，有互动就会激起你继续用笔表达的欲望。

我陪伴儿子写日记的时候，正是论坛最火热的时候。倡导新教育实验的朱永新教授开办了一个在线论坛。

一天，我儿子写完一篇日记后，在征得儿子的同意后，我将日记打成电子文稿，并将它发到教育在线论坛上，并在论坛上建立

了"诸子帆成长日记"专题帖。儿子每天写一篇日记,我则每天在论坛上上传他的日记。

两年后,这个日记专题帖被评为精华帖,放在论坛的首页,一打开就能看到。六一儿童节那天,儿子写了一篇日记,题目叫《特殊的礼物》:

今天晚上,我走进爸爸的办公室,爸爸说:"论坛送给你一份珍贵的礼品。"我急忙问:"什么礼品?"爸爸打开电脑,进入网站。爸爸问:"看到没?"我望着屏幕,什么也没看到。爸爸又说:"还没看到?"我这才注意到,原来我的日记被评为论坛的精华帖了。我有点儿小激动,脸通红通红的。爸爸说:"这是一件了不起的事,你的日记是学生论坛里最好的帖子之一。"我喜出望外,心想:这太好了,我的帖子能放在这里,别人一打开网站就能看到。

爸爸又说:"还有一个礼物呢!"接着,他打开我的成长日记专题帖。我看见和平鸽阿姨回的帖子:"昨天晚上,我把子帆的大作全部下载,作为儿童节的礼物送给我儿子,他非常高兴。"看到这儿,我心想:我的帖子有这么多人关注,我一定要继续写下去。

今天得到这么多特殊的礼物,真是一个令我难忘的儿童节。

坚持写日记的秘诀

儿子对网络充满了感激之情，他在一篇日记中写道：

> 爸爸最喜欢做的事就是上网，网络简直就是他的命根子。爸爸常说："有网络真好。"我也这么认为。一有空，我就像跟屁虫一样，和爸爸一起在网上阅读帖子，并发表观点。网络的用处可大了，能在上面建立专题帖。我现在已经建立了成长日记专题帖，将我的日记发在上面，受到了许多老师的好评，有的老师还提出了很好的修改意见。

这个论坛上聚集了许多有理想、有情怀的老师，他们在儿子的专题帖下纷纷跟帖评论，给儿子以鼓励和指导。这些跟帖评论弥足珍贵，激发了儿子写日记的无穷动力。

有一天，儿子的日记专题帖下得到了朱永新教授的跟帖评论。短短的一句话，让儿子激动不已，他做梦也不会想到朱永新教授会关注他的日记，他对我说："爸爸，我一定要坚持将日记写下去，记录童年、留住童年。"

分享日记有很多的途径。你每天将日记写好后，可以复制几份或者直播讲述给你想分享的人，请他们发表看法、评语。

还可以请爸爸妈妈给你在微信上开一个公众号,你每天将日记写好后,由他们上传到公众号上。只要有人关注了你的公众号,就可以发表评论。你坚持写下去,关注你的人就会越多;关注你的人越多,你坚持写下去的动力就越大。

坚持写日记的秘诀

我的"发烧日记"

陈昕若

9月19日　星期四　晴

人家说：六月天，孩子的脸，说变就变。可我觉得不是这样，应该是：九月天，孩子的脸，说变就变。为啥？今年的九月，乍冷乍热。这不，连平时体质一向很好的我，也发烧了。

早晨 6∶00

还在睡梦中的我，蒙蒙眬眬睁开了我那泉水般明亮的大眼睛，一脚蹬掉了被子："哎呀，热死啦！"我想去倒杯水，手指无意间摸到了自己的额头，滚烫。我心一惊，莫非……我发烧了？

中午 11∶30

我拖着疲惫不堪的身体回到了家，活像一摊被太阳烤化的冰激凌，虽然外婆早已为我炖好了我最爱喝的老母鸡汤，桌子上也摆满了美味佳肴。但由于发烧，吃什么都索然无味，唉……

放学 6∶00

终于到家了,我费了好大力气才按响了我家的门铃。一进家门,眼前的情景让我吃惊不小:桌上摆着一大堆药品,清热的、降火的,零零散散;沙发上堆满了水果。我刚想问问老妈是怎么回事,却猛然发现她手里有杯褐色的液体。天哪,不会是……我刚想开溜,却被她敏捷地抓住,如同老鹰捉小鸡,简直就是易如反掌。我有种不祥的预感,果然,妈妈严厉地说:"把这杯药喝了!"唉,我的预感灵验了!

这篇日记按照时间顺序描述了小作者生病的过程,每个时间都写出了小作者的身体状态,可以配上照片,让父母帮忙发表到微信公众号里,一定可以吸引很多读者,不信,试试看吧。

坚持写日记的秘诀

老师读了我的日记

李凌男

10月26日　星期四　晴

今天语文课上，老师读了我的日记。

上课铃声响了，老师迈着轻快的脚步走上讲台，教室里顿时鸦雀无声。老师说："这节课，我要给同学们读几篇写得好的日记。"说完便让我、王安东和朱剑飞把日记放在讲桌上。我心想：是不是我的日记进步啦？老师以前都不读我的日记。这时候老师有感情地朗读了我的日记，又拿我以前的日记比较一下，说："凌男以前的日记写得语句通顺，但不生动形象，没有意思，但这次却相反。"

同学们眼中都流露出钦佩的神情。让老师读日记的滋味真好哇！

老师点评

同学们被老师读日记的滋味真好哇!这篇日记希望可以让更多的同学看到,希望你们坚持每天写日记,也希望让更多的老师看到,老师们可以通过这样的方式激发孩子们写作的欲望和兴趣。

第14讲

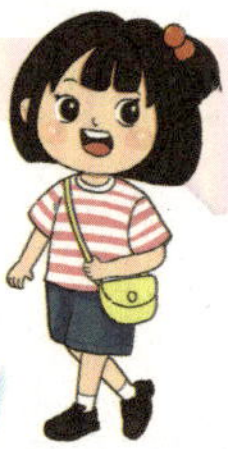

上一讲诸老师讲了坚持写日记的第一个秘诀——公开分享。下面我要讲坚持写日记的第二个秘诀——报刊发表。

可能有同学会说:"发表太难了!"诸老师要告诉你:"坚持写作,坚持投稿,总有一天,你的日记会在报刊上发表的。"当然,发表要循序渐进,先争取在学校校刊上发表,再努力在各类报刊上发表。

要发表,就要多修改,好文章一定是经过润色的。挑选你修改满意的日记进行投稿,这样做发表的可能性比较大。

我儿子写了一篇日记《第一次野营》,他反复修改后

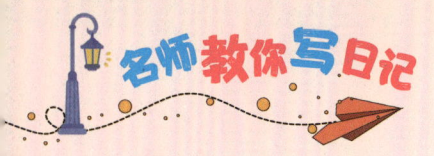

向校刊投稿，居然发表了！还领到了6元稿费！他在当天的日记中写道：

> 今天下午，我在教室门口和同学玩，沈老师把我和梁传扬叫过来说："领稿费，签名字。"我听后很吃惊，心想：我哪来的稿费？我们签好名字后，老师给了我6元钱，给了梁传扬2元钱。我问沈老师："我为什么比他多呢？"沈老师说："因为你的文章的字数比他多。"听到这儿，我就知道肯定是我的日记《第一次野营》在校刊上发表了！顿时，我高兴的心情无法用语言描写出来，心里像掀起了滔天巨浪。一下课，我用自豪的语气向同学们炫耀："看！我有稿费了，这是我发表文章得到的！"放学后，我想快点儿回家，把这件事告诉爸爸、妈妈。在路上，我看到了爸爸，老远就叫道："爸爸，我有稿费了，6元钱呢！"爸爸笑着说："哎呀！祝贺你，来，握握手。"

我清楚地记得，儿子在报刊上发表的第一篇日记是《讨厌的苍蝇》，写的是他和妈妈晚上打苍蝇的事情，写得很有趣，其中有一段是这样写的：

坚持写日记的秘诀

> 苍蝇好像很兴奋，一会儿停在电视机上，一会儿又飞到我们跟前。妈妈的头跟着苍蝇转，一会儿转到这边，一会儿转到那边。突然苍蝇就像会魔术似的又不见了。妈妈刚想看书，我转过身背对台灯准备睡觉时，只见那只苍蝇停在我的床头上，我小声对妈妈说："妈妈，苍蝇在这儿。"并用手指了指。妈妈拿着书悄悄走过去一打。"啊，打到了！"我叫了起来，可妈妈一松手，苍蝇又飞起来了。"唉！"我叹了一口气。

这篇日记发表在北京的一家杂志上，当时儿子拿到了13元稿费。儿子到邮局领稿费的情形也写成了日记：

> 昨天晚上，爸爸满面春风地回到家，迫不及待地说："子帆！你发表在杂志上的文章的稿费来了，13元！这是稿费通知单，我已经帮你盖好学校的章了，明天我和妈妈一起陪你去邮局领稿费。""真的？太好了！"我欣喜若狂地从爸爸手里接过通知单，只见上面写着：翔宇教育集团宝应实验小学四（7）班；诸子帆；稿费13元。我反复地看着稿费通知单，心里有说不出的高兴。
> 今天下午，我和爸爸、妈妈来到邮局，爸爸让我

自己进邮局取款。我走进门，来到第一个窗口前，对一位邮政阿姨说："阿姨，我取稿费。"说着把稿费通知单递给阿姨。阿姨看过单子后叫我签个字。我接过阿姨递过来的笔，在稿费通知单上工工整整写上"诸子帆"三个字。那位阿姨把单子又给了一位叔叔，这位叔叔看后，从抽屉里拿出13元钱给了我，我很高兴地接过钱说："谢谢！"

我把稿费小心翼翼地放进钱包，走出大楼。爸爸、妈妈看见我出来都笑了，我也跟着笑了起来。

我的日记在杂志上发表了，还领到稿费了。心里真是太高兴了！我决定以后向更多报刊投稿，不断发表我的日记。

后来，儿子的日记不断地在全国各类报刊上发表。有一次，他写的一组日记发表在杂志上，编辑老师还特意加了一段点评："兴起的网络，成了大家互动交流的新平台，诸子帆的日记就在网上安了家。他给自己的日记集命名为《新鲜每一天》，用心记载着生活中的点点滴滴。现在，他的日记可成了网上的'精华帖'啦！"

儿子特别高兴，他在《我的日记发表了》中写道：

坚持写日记的秘诀

> 下午一放学，我就兴冲冲地跑到爸爸的办公室。爸爸正坐在电脑前看东西，我一眼就看到放在爸爸桌上的《小学生语文学习》。我跑上前，书包都来不及放下，就连忙翻开杂志，仔细地找哇找，终于在《日记一组》中找到了我的日记。我认真地读着自己的文章，心里非常自豪。我把杂志放进书包。我实在太高兴了，在爸爸的办公室里蹦来蹦去，如果地板不结实的话，恐怕也会被我蹦塌的。

挑选满意的日记，反复修改后向报刊投稿，力争发表。发表一篇日记，拿到散发着油墨清香的样刊，看着自己的文字变成了铅字，这种感觉不管对谁来说，都是无与伦比的！

我的日记发表了

张天羽

3月21日　星期一　晴

下午放学后,我先写完了作业,然后和爷爷下象棋。爸爸下班回来后,把一张纸递到我眼前,我一看,是一张汇款单,收款人是我的名字,我的心跳加快了。原来是我的日记发表了!我太高兴了,赶紧把这个好消息告诉了爷爷奶奶,爷爷奶奶都夸我有出息。妈妈知道这个好消息后,激动地抱着我又蹦又跳。在我们家,爸爸发表的文章最多,其次是爷爷,我是家里第三个发表文章的,我太高兴了!我要感谢我的爸爸妈妈,他们从我很小的时候就教我观察事物、描写事物,给我订了好多杂志。我以后要更认真地写日记,争取发表更多的文章,当个小作家。

老师点评

日记中小作者收到汇款单的反应,一定和很多人的反应相同。一个小小的肯定和鼓励也许会让一个人改变很多。但是,话说回来,如果你不动笔,不踊跃投稿,又怎么能发表呢?所以,还等什么,日记写起来吧!

我的好伙伴——日记本

黄逸宁

4月20日　星期四　晴

我有一个知心的好伙伴，我有什么话都对它说。在我开心的时候，它与我一同分享快乐；在我伤心的时候，它默默地安慰着我；在我遇到挫折的时候，它给予我信心和鼓励。每次，它都不厌其烦地听我诉说。

记得有一次，我获得了"小蜜蜂"读书奖的铜奖，我高兴极了。一回到家，我就告诉它："我获得了'小蜜蜂'读书奖的铜奖，我今天一定要快点儿做完作业，把剩下的时间全用来读书。"这时，它发出了细细的声音，仿佛在对我说："我真替你高兴，希望你下一次还能获得'小蜜蜂'读书奖。"听了它的话，我对它说："谢谢你的美好祝愿。"

还有一次，我因为贪玩，草草地把作业应付完了。结果第二天，作业发下来后有好几道题错了。老师狠狠地批评了我，还要我把作业抄写

坚持写日记的秘诀

五遍。我难过极了，一回到家，就对着它大哭了一场。它发出了沙沙的声音，好像在安慰我："一次失败并不代表永远的失败，要在失败中总结教训。我期待着下一次你被表扬。"

你知道它是谁吗？它就是我的日记本，我最知心又最要好的伙伴。

这篇日记应该是对坚持写日记最好的总结。你可以把日记本当成你的知心好伙伴，快乐悲伤都可以向它倾诉，它会不厌其烦地倾听，也会给予你信心和鼓励。

第15讲

日记可以结集出书

上两讲诸老师讲了坚持写日记的两个秘诀,接下来讲第三个秘诀——结集出书。

将你写的日记结集出书并不是一件遥不可及的事情。你可以自己动手做一本书,这将有助于你提高想象能力、写作能力、美术能力和动手能力,让你爱上图书、爱上阅读、爱上写作。法国有一位作家写了一本书,名字叫《动手自己做一本书》。这本书从图书的构成讲起,让你了解封面、环衬、条形码、内页等组成一本书的基本要素,进而告诉你书是怎么印刷、装订出来的,再手把手教你如何

坚持写日记的秘诀

用材料创作一本属于自己的书。

把日记集结出书，先不要贪大求全，可以先从暑假日记开始做起。

我儿子读四年级的时候，他和妈妈去新疆旅游了半个月。他每天写一篇日记，妈妈帮他上传到论坛，同时上传他们当天拍摄的照片。我因为学校有事没有同行，但每天通过论坛了解他们旅行的内容，跟自己去了新疆差不多，有一种身临其境的感觉。

旅游结束后，我将儿子这半个月的旅游日记、照片全部打印出来，让儿子自己画了一个封面，再装订成册，一本名为《新疆之旅》的书籍就诞生了。

每年暑假，我的一些学生通过申请可以不做暑假语文作业，但要独立完成一本暑假日记集。学生们都很认真，认真写好暑假日记，认真画好插图，认真设计封面……暑假结束，一本本漂亮的日记集诞生了，名字五花八门，比如《夏季之美》《徜徉》《我是小厨师》《新加坡之旅》《我的暑假我做主》等等。这样的暑假日记集跟单纯的暑假作业比，是不是很有意思？

儿子上完四年级，他写的日记已经有一千多篇了，

名师教你写日记

我们收集整理了儿子写的所有日记，精心设计了封面，像模像样地给他出了一本书，儿子对这本书视若珍宝。

儿子小学毕业时，我们整理他在小学阶段写的日记，出版了一本电子书，书名叫《新鲜每一天》，作为他小学毕业的纪念，作为他童年的纪念。

儿子获得全额奖学金，赴海外读博士的时候，他的日记集由出版社正式结集出版。他在后记中写道：

> "儿子，你的日记集终于要出版啦！"当老爸告诉我这个消息的时候，我愣了很久。不得不承认，"日记集"这几个字于我来说是有些遥远和陌生了。这本日记集是我在小学毕业时完成的，而现在我已经是一个大四的学生了，接近十年的光阴真让我有些不知所措。记得五年级的时候，老爸就说在我小学毕业时要将这本日记集出成书，可是后来由于一些原因，一直未能如愿。到了初中，我还经常幻想着某一天这本日记集可以出版，而且自己能在书店里看到它，然后享受着虚荣心带来的满足感。但随

坚持写日记的秘诀

着时光流逝，这件事渐渐没了消息，而我也习惯于不去想它，于是它就被淡忘了。现在又将这段往事重新提起，我想这算是给自己，也是给老爸老妈还一个心愿了。

朱永新教授亲自为我儿子的日记集写了序言《童年史诗》，序言中有这样一段话："这哪仅仅是日记，这分明是一部童年史诗啊！正是日记，让诸子帆留住了他的童年，留住了他的新鲜每一天。"

同学们，我的写日记十五讲到这里就要结束了，最后，我改写朱永新教授的诗歌，作为结束语送给大家。诗歌的名字叫《日记教育是一首诗》：

日记教育是一首诗，诗的名字叫温馨，
在其乐融融的家庭里，有一抹永恒的笑；
日记教育是一首诗，诗的名字叫热爱，
在每个孩子的瞳孔里，有一颗温暖的心；
日记教育是一首诗，诗的名字叫智慧，

在难以回答的问题里，有一双发现的眼；
日记教育是一首诗，诗的名字叫创造，
在探索求知的丛林里，有一面个性的旗；
日记教育是一首诗，诗的名字叫未来，
在传承文明的长河里，有一艘远洋的船。

快拿起笔来写日记吧，坚持写下去吧！只要有行动，就有收获；只要坚持，就有奇迹！终有一天，"长风破浪会有时，直挂云帆济沧海"。

后记

日记陪伴孩子成长

写日记，是统编语文教材三年级上册提出的习作要求，其实，写日记完全可以从一年级开始。

写日记，能够训练孩子的遣词造句能力，提高其作文水平，这是一般人都知道的。但是，日记的作用远远不止于此。

让孩子坚持写日记，能培养其观察能力，让孩子养成随时随地留心社会、思考生活的好习惯，为孩子的学习积累大量知识和生活素材。

李镇西老师指出，让孩子坚持写日记，能够充实并完善孩子的精神世界：一则日记，就是心灵的一面镜子和人生的一个脚印。一个追求高尚的人，将在日记里审视自己的思想，反思自己的生活，评价自己的道德……而这正是孩子提升境界、走向成熟的过程。

让孩子坚持写日记，还能磨砺意志。写一篇日记或者连续写一周、一月甚至一学期的日记，并不算困难。但是，年复一年地自觉坚持写日记，则不是所有人都能做到的。因此，有人把坚持写日记称为"人生的道德长跑"。而能够坚持这样"长跑"的人，首先就是一个具有坚韧不拔毅力的人。由此看来，养成写日记的习惯，是极有利于孩子多方面健康发展的。

儿子上一年级时我就开始陪他写日记。一年级上学期时，他还不会写字。我采用"他口述、我笔录"的方法帮他写日记。每天回

到家儿子给我讲一件有趣的事，我原汁原味地记录下来，就成为一篇日记。我和儿子坚持了整整一个学期。一年级下学期儿子开始自己写日记了。每天一篇日记，坚持了六年。小学阶段，2 000 多个日子，儿子写了 2 000 多篇日记。2016 年，儿子大学毕业后，申请赴海外留学，获全额奖学金攻读博士学位，出版社从儿子小学阶段写的 2 000 多篇日记中挑选出 200 多篇，出版了一本日记集。

我结合指导儿子以及学生写日记的经历，给全国的小朋友做了 15 场如何写日记的讲座，讲座从"写日记的好处""写日记的原则""写日记的策略""坚持写日记的秘诀"四个方面入手，期望对孩子们写日记有所帮助。

限于本人的水平，肯定有不足之处，恳请读者朋友批评指正。

诸向阳

2023 年 10 月